Jacob Thiessen

SCHÖPFUNG UND MENSCHENWÜRDE

Grundlegende exegetische Ansätze zu Ehe und Homosexualität

Jacob Thiessen
Schöpfung und Menschenwürde
Grundlegende exegetische Ansätze
zu Ehe und Homosexualität

Bestell-Nr.: 271.416
ISBN: 978-3-86353-416-5

1. Auflage

www.cv-dillenburg.de
Satz und Umschlaggestaltung:
Christliche Verlagsgesellschaft Dillenburg
Umschlagmotiv: © Shutterstock.com/pgaborphotos

Druck: GGP Media GmbH, Pößneck
Printed in Germany

INHALTSVERZEICHNIS

VORWORT

Wann beginnt die Ehe nach der Bibel? Und wann endet sie? Auf diese Fragen gibt es sehr unterschiedliche Antworten, auch unter Christen, welche die Bibel als Wort Gottes ernst nehmen. Als Exeget ist es mein Anliegen, eine relativ kompakte Antwort vor allem auf die zweite Frage, die Frage nach dem Ende der Ehe aus biblischer Sicht, zu geben, wobei die Frage nach dem Anfang der Ehe nach der Bibel jedoch auch mitbedacht werden muss. Es ist in diesem Rahmen nicht möglich, auf alle praktischen Fragen zum Thema Antworten zu geben. Die Bibel gibt nicht Richtlinien für jede mögliche Situation, die eintreten kann, sondern bezieht sich vor allem auf den grundsätzlichen Willen Gottes. Dieser grundsätzliche Wille Gottes will sicher auch in schwierigen Entscheidungen Wegweiser sein.

In den folgenden Ausführungen gehe ich besonders auf die zentralen Bibelstellen zum Thema „Ehescheidung und Wiederheirat" ein. Dabei können wir feststellen, dass sowohl das Alte Testament als auch Jesus und Paulus einen einheitlichen Standpunkt vertreten. Zudem lege ich anhand von Röm 1,26-27 im Kontext dar, wie Paulus die Frage nach der homosexuellen Praxis anhand von Gottes „Schöpfungsordnung" beurteilt.

Weil Gott den Menschen ernst nimmt, nimmt er die Ehe ernst und möchte sie schützen. Unser Anliegen und unser Ringen muss es sein, dem Einzelnen in seiner Situation verantwortungsvoll zu helfen, wobei die biblischen Prinzipien uns die Leitplanken aufzeigen. Das heißt mit anderen Worten: Wir sollen bestrebt sein, Barmherzigkeit zu üben und den Einzelnen zu verstehen, und wir müssen ihm Hilfe anbieten, gemäß dem Willen Gottes, der in der Bibel offenbart wird, Entscheidungen zu treffen.

Wer sich diesem Willen Gottes beugt, der weiß, dass Gott ihn nicht allein lassen wird (vgl. z. B. Jos 1,5ff.; Hebr 13,4-6). Wie schwierig die Situation auch sein mag, der Gläubige kann mit dem Psalmisten bekennen: „Ich vertraue auf dich [oder: Ich finde in dir meine Sicherheit], Jahwe, und sage: ‚Du bist mein Gott. Meine Zeiten [mit allem, was sie füllt] sind in deinen Händen …'" (Ps 31,15-16a). Voraussetzung für solches Gottvertrauen ist, dass man sich dem Willen Gottes und seiner „alles beherrschenden Hand" unterordnet (vgl. 1. Petr 5,6f.).

In dem Sinn hoffe ich, dass diese Schrift den Betroffenen und ihren Seelsorgern eine Hilfe bei der Orientierung sein kann. Und zwar in dem Sinn, wie Epaphras allezeit in seinen Gebeten für die Gläubigen in Kolossä „kämpfte" (vgl. dazu auch Röm 15,30), „dass ihr vollkommen und völlig überzeugt in jedem Willen Gottes dargestellt werdet" (Kol 4,12; vgl. auch Kol 1,28f.).

Riehen/Basel, im Juni 2016
Jacob Thiessen

1. EHESCHLIESSUNG UND SCHEIDUNG NACH DEM ALTEN TESTAMENT

1.1 Die Ehe beginnt mit einer öffentlichen Bundesstiftung

In Gen 2,24 heißt es: „Darum wird ein Mann seinen Vater und seine Mutter verlassen und seiner Frau anhängen (ankleben), und sie werden zu einem Fleisch werden." Direkt oder indirekt können wir aus diesem Vers Folgendes lernen:

a) Die Ehe ist nach dem Willen Gottes von Anfang an eine untrennbare Einheit zwischen einem Mann und einer Frau (vgl. auch Gen 1,26f.). Diese Einheit kann nur durch den Tod gelöst werden (vgl. auch Mt 19,4-6).

b) Die Ehe hat von Anfang an öffentlichen Charakter. Die Eheschließung ist nach der Bibel eine öffentliche Angelegenheit. Der Mann verlässt seine Eltern[1] und „klebt seiner Frau an". Das geschah nicht bei der Verlobung, sondern bei der „Heimführung" der Braut im Zusammenhang mit der Hochzeit (vgl. z. B. Dtn 20,7; 2. Sam 3,14; Mt 1,18).

Diese Tatsache wird auch dadurch bestätigt, dass die Ehe als „Bund" verstanden wird (vgl. z. B. Spr

1 Vgl. dazu auch Böttger/Nitsche, Partnerwahl, S. 29.

2,16-17; Jer 5,7[2]; Hes 16,8; Mal 2,14-16).[3] Ein Bund beansprucht immer öffentliche Zeugen und ist nach biblischem Verständnis lebenslänglich. Ein solcher Ehebund (Ehevertrag) wurde zuerst mündlich abgeschlossen, aber auch schon sehr früh – auf jeden Fall schon vor dem Abschluss des Alten Testaments – in einem schriftlichen Vertrag festgehalten.[4] Heute wird dieser Bund in den meisten

---

2 In Jer 5,7 wird der Ehebund zwar nicht erwähnt, aber der Schwur, der sich offenbar auf die Bundesschließung bezieht: „Weshalb sollte ich dir vergeben? Deine Söhne haben mich verlassen und schwören bei Nichtgöttern. Obwohl ich sie schwören ließ, haben sie Ehebruch getrieben und laufen scharenweise ins Hurenhaus." Vgl. auch z. B. Hes 16,8 („Und ich ging [wieder] an dir vorüber und sah dich, und siehe, deine Zeit war da, die Zeit der Liebe; und ich breitete meinen Zipfel über dich aus und bedeckte deine Blöße. Und ich schwor dir und trat in einen Bund mit dir, spricht der Herr, Jahwe, und du wurdest mein") mit 17,13.18f.

3 Vgl. dazu auch u. a. Instone-Brewer, Divorce, S. 15ff. Gemäß Instone-Brewer handelt es sich bei der Ehe um einen „Vertrag", nicht um einen „Bund", obwohl Instone-Brewer gleichzeitig betont, dass wir vorsichtig sein müssten, nicht spätere theologische Entwicklung in das Alte Testament hineinzulesen (vgl. ebd., S. 15). „The theological distinction between covenant and contract helps to distinguish between a relationship based on legalism and one based on grace and trust" (ebd., S. 15–16). Allerdings stellt sich die Frage, ob wir biblisch diese Unterscheidung überhaupt machen können, zumal das Alte Testament in Bezug auf die Ehe das gleiche Wort *b^erit* („Bund" = feierlicher „Vertrag") verwendet.

4 Vgl. dazu Neuer, Art. „Ehe, Ehescheidung, Ehelosigkeit", S. 294; vgl. auch Tob 7,16 („Und sie nahmen eine Schriftrolle und schrieben den Ehevertrag").

Ländern vor dem zivilen Gesetz, also beim Zivilstandsamt, gemacht.

Diese öffentliche Heimführung der Braut ist nach der Bibel Voraussetzung, um (auch im Geschlechtsverkehr) „ein Fleisch" zu werden (vgl. z. B. Dtn 20,7; 22,13ff.; 28,30; 2. Sam 3,14; Mt 1,18). Das deuten auch z. B. Dtn 22,23.28 an, wo die Jungfrau, die verlobt ist, und die Jungfrau, die nicht verlobt ist, angesprochen werden. Die Jungfrau, die verlobt ist, ist durch die Verlobung einem Mann „versprochen" worden, und deshalb soll in diesem Fall bei Vergewaltigung anders umgegangen werden. Andererseits gehört gemäß 1. Kor 7,3f. der Geschlechtsverkehr sogar zur ehelichen Pflicht, während Paulus in 1. Kor 7,2 betont, dass „jeder Einzelne" wegen der Hurerei seine eigene Ehefrau haben soll (vgl. auch 1. Kor 7,36). Die Ehe kann die Hurerei insofern verhindern, dass der Verkehr hier innerhalb des „erlaubten Rahmens" geschieht.

Nach der jüdischen Mischna behielt der Vater, der grundsätzlich für die Verlobung seiner Tochter zuständig war (vgl. mSot 3,8; vgl. auch mKid 2,1)[5], auch nach der Verlobung Vollmacht über seine Tochter, wie das mKet 4,5 zum Ausdruck bringt: „Eine [Tochter] bleibt solange in der Gewalt des Vaters, bis sie in die Gewalt des Mannes bei der Hochzeit kommt." Dabei dauerte die Zeit von der Verlobung bis zur Hochzeit vermutlich in der Regel

5 Zumindest insofern sie minderjährig ist, was wohl häufig der Fall war.

zwölf Monate (vgl. mKet 5,2). Ein Mann, der nicht mehr wusste, mit welcher von zwei Schwestern er sich verlobt hatte, sollte der einen, die er nicht heiratete, einen Scheidebrief (*get*) geben (vgl. mJeb 2,6). Zudem konnte es offenbar geschehen, dass zwei Männer behaupteten, sie seien mit demselben Mädchen verlobt, und in diesem Fall musste derjenige, der sie nicht heiratete, ihr den Scheidebrief (*get*) geben (vgl. mKid 3,7). Dabei wird allerdings nicht der im Alten Testament gebrauchte Ausdruck für „Scheidebrief" verwendet. Andererseits durfte eine „geschiedene" Verlobte vom Opferfleisch essen, was den verheirateten Frauen, wenn sie geschieden oder verwitwet wurden, verboten war (vgl. mJeb 6,3). Stellte man nach der Verlobung bei der Braut einen „Leibesfehler" fest, der vorher nicht bekannt war, so wurde die Verlobung als ungültig betrachtet (vgl. mKid 2,5).

Die Hochzeit wurde offenbar vor dem Gericht in der Stadt vollzogen, wobei der Wochentag bei einer noch nicht verheirateten Frau ein anderer war als bei einer Witwe, damit der frisch verheiratete Mann notfalls Klage gegen sie erheben konnte, wenn sie bei der Hochzeit nicht mehr „Jungfrau" war (vgl. mKet 1,1f.; vgl. auch Dtn 22,13f.). Vorausgesetzt ist wie im Alten Testament, dass der erste Geschlechtsverkehr erst nach der öffentlichen Hochzeit erfolgt (vgl. auch z. B. mJeb 3,10). Um sich eine Ehefrau zu „erwerben" (bzw. zu „kaufen"), gehören nach mKet 1,1 der Kaufpreis, der Ehevertrag und die „Einkehr" (durch Geschlechtsverkehr), während eine Frau „sich selbst durch einen

Scheidebrief oder durch den Tod ihres Ehemannes erwirbt“, also wieder frei wird.

Im Alten Testament wird die Verlobung angesprochen und vorausgesetzt (vgl. Ex 22,15; Lev 19,20; Dtn 20,7; 22,23-30; 2. Sam 3,14; Hos 2,21; Mt 1,18; Lk 1,27; 2. Kor 11,2). Was sie genau für eine Bedeutung hatte, wird nicht weiter erklärt. Offenbar galt sie – wie später in der jüdischen Mischna – als eine Art öffentliches Eheversprechen (vgl. z. B. Dtn 20,23ff.). Sie galt aber noch nicht als Voraussetzung dafür, durch den Geschlechtsverkehr „ein Fleisch“ zu werden; vielmehr gehörte dazu das Verlassen von Vater und Mutter (vgl. Gen 2,24), die öffentliche Stiftung des Ehebundes und die damit verbundene Heimführung der Braut durch den Mann (vgl. z. B. Dtn 20,7).

Was Paulus in 2. Kor 11,2 in Bezug auf die christliche Gemeinde als Ziel betont, nämlich dass er sie „einem Mann verlobt“ hat, um sie „als eine keusche Jungfrau vor Christus hinzustellen“ – und zwar bei der „Hochzeit des Lammes“, wenn Jesus wiederkommt (vgl. Offb 19,7) –, bringt damit einen zentralen Punkt in Bezug auf den Zusammenhang von Verlobung und Hochzeit zwischen Mann und Frau zum Ausdruck. Ziel ist, dass der junge Mann bei der Hochzeit eine „keusche Jungfrau“ heimführen kann (vgl. auch z. B. Dtn 22,13f.; 24,1). So heißt es z. B. von Rebekka, dass sie eine „Jungfrau“ war, die „kein Mann erkannt hatte“ (Gen 24,16). Als sie Isaak, den sie heiraten sollte, aus der Ferne sah, „nahm sie den Schleier und verhüllte sich“ (Gen 24,65). Und

Isaak „nahm Rebekka, und sie wurde seine [Ehe-] Frau, und er gewann sie lieb“ (Gen 24,67).

Wenn Paulus in 1. Kor 7,2 schreibt, dass jeder (Mann) „wegen der Unzucht“ seine eigene Frau und jede (Frau) ihren eigenen Mann haben soll, so ist damit zumindest indirekt auch das Heiraten angesprochen[6], wobei z. B. Mk 6,17-18 andeutet, dass damit eine Folge der Heirat beschrieben wird (vgl. auch 1. Kor 5,1; 7,12f.29; Gal 4,27; 1. Esra 9,12[7]). Eine Frau (= Ehefrau) bzw. einen Mann (= Ehemann) zu haben, ist also die Folge des Heiratens. Die Ehe wird dabei als „Gegenmittel“ gegen die Hurerei gesehen. Doch wenn Paulus die Ehe wegen der Hurerei „empfiehlt“ oder sogar in 1. Kor 7,2 „gebietet“, so ist damit nicht zum Ausdruck gebracht, dass die Ehe für Paulus nur als Prophylaxe gegen die Hurerei gedacht ist.[8] Garland bezeichnet diese und andere „einseitige“ Ansichten als „unfaire Verhöhnung der Sicht des Paulus über Ehe“.[9] Vielmehr hat Paulus offensichtlich die Ehe als das Normale betrachtet, wie es bereits in Gen 2,24 heißt: „Es ist nicht gut, dass der Mensch allein sei …“.

6 Vgl. Schnabel, Korinther, S. 357; Schrage, Korinther 2, S. 62.

7 Vgl. auch Joh 4,17-18: „Die Frau antwortete und sprach: ‚Ich habe keinen Mann.‘ Jesus spricht zu ihr: ‚Du hast recht gesagt: Ich habe keinen Mann. Denn fünf Männer hast du gehabt, und der, den du jetzt hast, ist nicht dein Mann; hierin hast du wahr geredet.‘“

8 So z. B. Martin, The Corinthian Body, S. 209.

9 Garland, Corinthians, S. 255: „I judge these remarks to be an unfair caricature of Paul’s view of marriage.“ Vgl. auch Schnabel, Korinther, S. 358; Schrage, Korinther 2, S. 60f.

Der Mensch braucht eine spezielle „Gnadengabe", um allein zu bleiben und dabei nicht in Hurerei zu fallen (vgl. 1. Kor 7,7; vgl. auch Mt 19,11).[10] Doch ist das noch keine Garantie für ein sündenfreies Leben auf diesem Gebiet, und selbst in der Ehe muss der Sexualtrieb unter Kontrolle sein, damit es zu einem gottgewollten Miteinander kommen kann (vgl. 1. Kor 7,9 mit Gal 5,23).

Übrigens zeigt das Beispiel von Davids Sohn Amnon und seiner Halbschwester Tamar in 2. Sam 13, was es für Folgen haben kann, wenn dieser biblische Rahmen nicht beachtet wird. Tamar war „Jungfrau, und es war in den Augen Amnons unmöglich, ihr irgendetwas anzutun" (2. Sam 13,2). Tamar wäre bereit gewesen, Amnon zu heiraten, aber vorher wollte sie sich nicht hingeben, weil man so etwas „in Israel nicht tut" und das „eine Schandtat" wäre (2. Sam 13,12f.). Trotzdem vergewaltigte Amnon Tamar und hasste sie anschließend „mit sehr großem Hass", sodass dieser größer war „als die Liebe, mit der er sie geliebt hatte" (2. Sam 13,15).

Übrigens ist zu beachten, dass die Aussage in Gen 2,24 vor dem Sündenfall getroffen wurde, als

10 So lauten auch jüdische Schriften: „Hüte dich vor dem Geist der Unzucht … Nimm dir eine Frau, wenn du noch jung bist" (TestLev 9,9). „Rab Huma hat gesagt: ‚Wenn jemand zwanzig Jahre alt ist und keine Frau genommen hat, so sind alle seine Tage voll von Sünden … Rabbi Chisda hat gesagt: ‚Dass ich vorzüglicher bin als meine Genossen, kommt daher, weil ich mit 16 geheiratet habe; und wenn ich mit 14 geheiratet hätte, dann hätte ich dem Satan sagen können: Ein Pfeil in deine Augen" (bQid 29b Bar).

der Mensch noch im Frieden mit dem Schöpfer lebte. Seit dem Sündenfall braucht der Mensch eine grundsätzliche Zuwendung zu Gott, um im Segen Gottes zu leben, und das gilt auch in Bezug auf die Ehe. Da der Segen Gottes nach den Ausführungen des Neuen Testaments durch Jesus Christus zugänglich ist (vgl. z. B. Eph 1,3-14), können Menschen den „christlichen Segen" für ihre Ehe demgemäß durch das neue Leben in Jesus Christus empfangen, was voraussetzt, dass man bereit ist, das Leben Jesus anzuvertrauen.

1.2 Und wenn der Bund nicht im Namen Jahwes geschlossen wurde?

In Spr 2,11.16-19 lesen wir Folgendes:

> „Besonnenheit wird dich bewahren und Einsicht wird dich behüten, … um dich von der fremden Frau zu retten, von der Ausländerin, die ihre Worte glatt macht, die den Vertrauten ihrer Jugend verlässt und den Bund ihres Gottes vergisst, denn ihr Haus neigt sich zum Tode und ihre Wege zum Ort der Toten; alle, die zu ihr eingehen, kommen nicht wieder und erreichen den Weg des Lebens nicht …"

An dieser Stelle wird der mögliche Fall erwähnt, dass ein Jude eine „Fremde" (*sarah*)[11] bzw. eine

---

11 Das Wort *sar* bezeichnet in Israel den Nicht-Israeliten und damit den „Fremden" (vgl. z. B. Ex 29,33; Lev 22,10; Jes 1,7; 61,5), obwohl der Begriff z. B. auch denjenigen bezeichnen

„Ausländerin" (*nachrijjah*)[12], also offenbar eine schon verheiratete Nichtjüdin zur Frau nimmt[13].[14] Diese hat den Ehebund nicht im Namen Jahwes, des Gottes Israels, geschlossen, und doch ist der Bund für den Gott Israels gültig. Der Ausländerin wird hier vorgehalten, dass sie den „Bund

---

kann, der kein Nachkomme Levis oder Aarons ist und damit keine levitischen oder priesterliche Dienste übernehmen durfte (vgl. z. B. Num 1,51; 3,10.38; Num 17,5). In den Sprüchen Salomos begegnet uns der Begriff noch 13-mal (Spr 5,3.10.17.20; 6,1; 7,5; 11,15; 14,10; 20,16; 22,14; 23,33; 27,2.13). Mit dem „Fremden" scheinen dabei nicht immer ein „Ausländer" bezeichnet zu werden, sondern z. B. auch der „andere" (Israelit), vor dessen Frau gewarnt wird (vgl. z. B. Spr 5,3ff.; 7,5).

12 Das hebräische Wort *nachrij* bezeichnet den „Ausländer" (vgl. dazu u. a. Gen 31,15; Ex 2,22; Dtn 14,21; 15,3; 1. Kön 8,41: „Und auch auf den Ausländer, der nicht von deinem Volk Israel ist, aber um deines Namens willen aus fernem Land kommt"). In den Sprüchen Salomos begegnet uns dieses Wort erneut sechsmal (vgl. Spr 5,10.20; 7,5; 20,16; 27,6.13) neben dem Wort *sar* („Fremder"), wobei der „Ausländer" (so in Spr 5,10; 20,16; 27,2) bzw. die „Ausländerin" (so in Spr 5,20; 7,5; 27,13) gemeint ist (vgl. auch Jes 28,21; Ob 11; Hiob 19,15; Klag 5,2).

13 Wenn diese Deutung richtig ist, dann fällt auf, dass die Sprüche Salomos immer wieder vor der „ausländischen Frau" warnen (vgl. auch z. B. Spr 5,20; 6,24; 7,5; 23,27). Offenbar waren sie für die Israeliten damals ein besonderes Problem, wie Salomo ja am eigenen Leib erfahren hat (vgl. 1. Kön 8,41.43; 11,1.8).

14 In Mal 2,12 ist von der „Tochter eines fremden/ausländischen Gottes" (*bath el nechar*) die Rede, welche Juda heiratet (vgl. dazu weiter unten). Dabei wird mit *nechar* („Ausländisches") ein Wort verwendet, das mit *nachrijjah* („Ausländerin"), welches u. a. in Spr 2,16 erscheint, verwandt ist.

ihres Gottes“ vergisst, auch wenn dieser Gott nicht Jahwe ist. Offenbar nimmt Gott auch das Versprechen solcher Menschen, die nicht zu seinem Volk gehören, ernst; ein Wort (= Versprechen) ist somit immer ein Wort (= Versprechen) vor Gott (vgl. Mt 5,33-37), und der Ehebund gilt vor Gott, in wessen Namen er auch immer gestiftet wurde.

Grundsätzlich war es den Juden nicht erlaubt, eine Ausländerin, die an einen fremden Gott glaubte, zu heiraten (vgl. z. B. Esra 9,1ff.; 10,2ff.; Mal 2,11; vgl. auch u. a. 1. Kön 8,41.43; 11,1.8). Zur Zeit Esras wurden diese Ehen sogar wieder aufgelöst. Doch auch für diese Ausländerinnen ist die Ehe ein Bundesschluss, der solange in Kraft bleibt, bis einer der Partner leiblich stirbt, auch wenn dieser Bund nicht im Namen Jahwes geschlossen wurde.

1.3 Gott hasst Ehescheidungen

Einen Text, der in der Bibel Gottes Willen in Bezug auf Scheidung und Wiederheirat zum Ausdruck bringt, finden wir in Mal 2,11-16, wo es heißt:

> „Juda ist treulos geworden, und in Israel und in Jerusalem geschehen Gräuel. Denn Juda entheiligt, was Jahwe heilig ist und was er lieb hat, und heiratet die Tochter eines fremden/ausländischen Gottes. Aber Jahwe wird den, der solches tut, mit seinem ganzen Geschlecht aus den Zelten Jakobs ausrotten … Weiter tut ihr auch das: Ihr bedeckt den Altar

> Jahwes mit Tränen und Weinen und Seufzen; aber er mag das Opfer nicht mehr ansehen noch etwas Angenehmes von euren Händen empfangen. Ihr aber sprecht: ‚Warum das?' *Weil Jahwe Zeuge ist zwischen dir und der Frau deiner Jugend*, der du treulos geworden bist, *obwohl sie doch deine Gefährtin und die Frau deines Bundes ist* … Und an der Frau deiner Jugend handle nicht treulos! *Denn ich hasse Entlassung [Scheidung], spricht Jahwe, der Gott Israels*, ebenso wie wenn man sein Gewand mit Unrecht bedeckt, spricht Jahwe der Heerscharen. So hütet euch bei eurem Leben und handelt nicht treulos!"

Offenbar verließen jüdische Männer ihre jüdischen Frauen, mit denen sie den Ehebund geschlossen hatten, und heirateten ausländische Frauen.[15] Gottes Urteil ist an dieser Stelle deutlich: Er hasst „Entlassungen" (V. 16), und er wird denjenigen, „der solches tut, mit seinem ganzen Geschlecht aus den Zelten Jakobs ausrotten" (V. 12). Gott selbst ist Zeuge (und Garant) des Ehebundes.

---

15 Vgl. dazu u. a. Kessler, Maleachi, S. 195ff. Kessler weist u. a. darauf hin, dass der Ausdruck „Tochter eines fremden/ausländischen Gottes" (*bath el nechar*) in Mal 2,11 „die Opposition von Israel vs. Nicht-Israel" unterstreicht, wodurch es für ihn eher unwahrscheinlich ist, „dass speziell an Ehen mit Samaritanerinnen gedacht ist" (ebd., S. 196).

1.4 Erlaubt Mose die Ehescheidung?

Es stellt sich die Frage, ob das alttestamentliche „Gesetz“ die Scheidung und Wiederheirat erlaubt. Ein Text, der anscheinend die Scheidung „erlaubt“, ist Dtn 24,1-4. Dort heißt es:

> „Wenn jemand eine Frau genommen und sie geheiratet hat, und es ist geschehen, dass sie keine Gunst in seinen Augen gefunden hat, *weil er etwas Schändliches (‚die Blöße einer Sache‘) an ihr gefunden hat*, und er einen Scheidebrief [vgl. dazu Jes 50,1; Jer 3,1.8] geschrieben und ihr in die Hand gegeben und sie aus seinem Hause entlassen hat, und wenn sie dann aus seinem Hause gegangen ist und die Frau eines anderen geworden ist, wenn auch der andere Mann sie gehasst und ihr einen Scheidebrief geschrieben, ihn in ihre Hand gegeben und sie aus seinem Haus entlassen hat oder wenn dieser andere Mann gestorben ist, der sie sich zur Frau genommen hatte, so kann sie ihr erster Mann, der sie entlassen hatte, nicht wieder zur Frau nehmen, *nachdem sie unrein geworden ist. Denn solches ist ein Gräuel vor Jahwe*, und du sollst das Land, das Jahwe, dein Gott, dir als Erbteil gibt, nicht zur Sünde verführen.“

Es stellt sich die Frage, was mit dem „Schändlichen“ gemeint ist. Die Juden haben das zum Teil so gedeutet, dass der Mann sich von seiner Frau scheiden lassen könne, wenn diese z. B. den Mann in schlechten Ruf brachte oder keine Kinder bekam.[16] Der hebräische Ausdruck *'ärwat dabar* bedeutet wörtlich: „die Blöße eines Wortes/einer Sache".

Der Ausdruck *'ärwat* („Blöße") erscheint zwar 54-mal im Alten Testament (vgl. dazu u. a. Lev 18,6ff.; 20,11.17ff.), doch der Ausdruck *'ärwat dabar* erscheint nur noch in Dtn 23,15 (vgl. mit Hebr 13,4): Offenbar bezieht sich der Ausdruck auf sexuelle Unreinheit. Im Kontext von Dtn 24,1 müssen wir wohl davon ausgehen, dass gemeint ist, dass die Frau vor der Hochzeit (oder eventuell nach der Hochzeit) mit einem anderen Mann Verkehr hatte (vgl. dazu Dtn 22,13ff.). Dafür sprechen z. B. die folgenden Abschnitte im Kontext:

> „Wenn ein Mann eine Frau nimmt und zu ihr eingeht, und er hasst sie und legt ihr Taten zur Last, die sie ins Gerede bringen, und bringt sie in schlechten Ruf und sagt: Diese Frau habe ich genommen und mich ihr genaht und habe [die Zeichen der] Jungfrauschaft nicht an ihr gefunden! … Wenn aber jene Sache Wahrheit gewesen ist, die [Zeichen der] Jungfrauschaft sind an der jungen Frau nicht gefunden worden, dann sollen sie

---

16 Vgl. dazu Strack/Billerbeck, Kommentar I, S. 313ff. Strack und Billerbeck meinen, „dass es in der mischnischen Periode keine Ehe im jüdischen Volk gegeben hat, die nicht kurzerhand vom Manne in völlig legaler Weise durch Aushändigung eines Scheidebriefes hätte gelöst werden können" (ebd., S. 319–320). Und selbst, wenn der Mann ohne jede Ursache seine Frau entlässt, kann er nicht gezwungen werden, seine geschiedene Frau wieder aufzunehmen (ebd., S. 320).

> die junge Frau hinausführen an den Eingang des Hauses ihres Vaters, und die Männer ihrer Stadt sollen sie steinigen, dass sie stirbt, weil sie eine Schandtat in Israel verübt hat, zu huren im Haus ihres Vaters. Und du sollst das Böse aus deiner Mitte wegschaffen" (Dtn 22,13-14.20-21; vgl. auch 1. Kor 5,9-13).

An dieser Stelle wird das Problem der nicht vorhandenen „Jungfrauschaft" bei der Hochzeit ausdrücklich angesprochen. Gemäß Dtn 22,14.17.20 wirft der frisch verheiratete Mann seiner jungen Ehefrau vor, dass er an ihr „die Jungfrauschaft nicht gefunden" hat, und gemäß Dtn 24,1 hat er an ihr „die Blöße einer Sache" gefunden, sodass sie nicht mehr Gunst in seinen Augen findet. Damit scheint die gleiche Sache angesprochen zu werden.

In Dtn 22,22ff. geht es um verschiedene Fälle von außerehelichem Geschlechtsverkehr. So lesen wir in Dtn 22,23-24.28-29:

> „Wenn ein Mädchen, eine Jungfrau, einem Mann verlobt ist, und es trifft sie ein Mann in der Stadt und liegt bei ihr, dann sollt ihr sie beide zum Tor jener Stadt hinausführen und sie steinigen, dass sie sterben; das Mädchen deshalb, weil es in der Stadt nicht geschrien hat, und den Mann deshalb, weil er die Frau seines Nächsten geschwächt hat. Und du sollst das Böse aus deiner Mitte wegschaffen … Wenn ein Mann ein Mädchen trifft, eine Jungfrau, die nicht verlobt ist, und ergreift sie und liegt bei ihr, und sie werden [dabei]

> angetroffen, dann soll der Mann, der bei ihr lag, dem Vater des Mädchens fünfzig [Schekel] Silber geben, und es soll seine Frau werden, weil er sie geschwächt hat; er kann sie nicht entlassen all seine Tage" (vgl. Ex 22,15; Lev 19,20).

Auch in diesem Abschnitt geht es um den Geschlechtsverkehr vor und außerhalb der Ehe. Dieser soll in jedem Fall bestraft werden. Wenn dabei die Verlobte gewissermaßen gleich behandelt wird wie die verheiratete Frau, die mit einem fremden Mann Verkehr hat (vgl. Dtn 22,22 mit Dtn 22,23f.), so bedeutet das nicht, dass der Verkehr zwischen Verlobten wie in einer Ehe erlaubt sei. Im Gegenteil: Die Verlobte wird zweimal als „Jungfrau" bezeichnet (vgl. Dtn 22,23.28), und das im Gegensatz zu der verheirateten Frau (vgl. Dtn 22,22).

In Dtn 23,10-15 geht es um den Umgang mit dem Samenerguss im Kriegslager. Der Mann, „der durch einen Zufall der Nacht nicht rein ist", sollte aus dem Lager hinausgehen und nicht zurückkehren, solange er „unrein" war. In Dtn 23,15 folgt die Begründung dafür: „Denn Jahwe, dein Gott, lebt mitten in deinem Lager, um dich zu erretten und deine Feinde vor dir dahinzugeben. Und dein Lager soll heilig sein, dass er nicht die Blöße einer Sache (*'ärwat dabar*) unter dir sieht und sich von dir abwendet."

Durch den Samenerguss des Mannes soll das „Lager" nicht befleckt werden. Interessant ist, dass auch an dieser Stelle der Ausdruck „die Blöße einer Sache" erscheint. Andererseits wird das „Lager" (im

Krieg) angesprochen, während in Dtn 24,4 von dem „Land, das Jahwe, dein Gott, dir als Erbteil gibt“, die Rede ist. Die Begründung ist jeweils die gleiche, nämlich dass Jahwe im „Lager“ bzw. im Land Israels unter dem Volk wohnen möchte. Deshalb soll das Lager nicht befleckt werden (vgl. auch z. B. Lev 18,19.23; 20,12.21[17]), wie gemäß Hebr 13,4 „das Ehebett (der Beischlaf) unbefleckt“ sein soll, worauf die Begründung folgt, dass Gott „Unzüchtige und Ehebrecher“ richten wird. Gott will also als heiliger und die Sünde richtender Gott unter dem Volk „wohnen“, und dementsprechend soll das Volk leben. Zu beachten ist auch, dass in Dtn 23,15 die Heiligkeit (des Lagers durch Gottes Gegenwart) als Gegenteil der „Blöße einer Sache“ betrachtet wird, womit deutlich wird, dass die „Blöße einer Sache“ etwas Unreines Gott gegenüber sein muss und nicht etwas Anstößiges in den Augen von Menschen.[18]

Somit können wir festhalten, dass der Ausdruck „die Blöße einer Sache“ in Dtn 24,1 darauf hinweisen will, dass die betroffene Frau möglicherweise bei der Hochzeit nicht mehr „Jungfrau“ war. Die „Blöße einer Sache“ scheint somit identisch zu sein mit dem fehlenden „Zeichen der Jungfrauschaft“ (vgl. Dtn 22,13ff.).

---

17 In Lev 18,19 und 20,21 wird die „Befleckung“ mit der „Blöße“ in Verbindung gebracht (vgl. auch Hes 22,10).

18 Vgl. dazu auch Maier, Matthäus 1, S. 317.

Aus Dtn 24,1-4 können wir weiter schließen, dass die Person, die bereits in einer zweiten Ehe lebt, bei dieser bleiben soll. Der Bruch des Ehebundes ist bereits vollzogen und kann nicht rückgängig gemacht werden. Durch die Scheidung und Wiederheirat ist die Frau „unrein geworden", und deshalb darf sie nicht zu ihrem ersten Mann zurückkehren, da das „ein Gräuel vor Jahwe" wäre (vgl. Dtn 24,4).

Diese Sicht wird in Jer 3,1 bestätigt, wobei Dtn 24,1ff. offensichtlich vorausgesetzt wird, indem gefragt wird: „Wenn ein Mann seine Frau entlässt und sie von ihm weggeht und [die Frau] eines anderen Mannes wird, darf sie wieder zu ihm zurückkehren? Würde dieses Land nicht ganz und gar entweiht werden?" Und Gott stellt in diesem Zusammenhang die Frage: „Du aber hast mit vielen Liebhabern gehurt, und du solltest zu mir zurückkehren?" (Jer 3,1b). Trotzdem erwartet Gott die Rückkehr Israels (vgl. Jer 3,6ff.). Gott nimmt also Israel als „Frau" zurück, obwohl Israel inzwischen untreu geworden ist und mit anderen Göttern „gehurt" hat (vgl. auch Jes 54,4-7). Was im menschlichen Bereich ein „Gräuel" vor Gott ist, tut Gott mit seinem Volk Israel, wodurch seine große Liebe zu diesem Volk zum Ausdruck kommt (vgl. auch das Beispiel Hoseas in Hos 1,2ff.).

Interessant ist an dieser Stelle auch, dass die Priester, die „ihrem Gott heilig sein" sollten (vgl. Lev 21,1), keine Hure, keine entehrte oder verstoßene Frau und auch keine nichtpriesterliche Witwe heiraten durften (vgl. Lev 21,7.14; Hes 44,22), sondern nur „eine Frau in ihrer Jungfrauschaft"

(Lev 21,13). Die Duldung der Wiederheirat hatte offenbar schon im Alten Testament Grenzen.

Andererseits wird in Ex 21,7-11 beschrieben, wie mit einer Sklavin umzugehen ist, wenn sie verheiratet wird, der Mann daneben aber noch eine weitere Frau hat. Die Sklavin darf nicht an einen Ausländer verkauft werden. Und falls der Sohn des Sklavenbesitzers sie (zur Frau) nimmt, „soll er nach dem Töchterrecht an ihr handeln" (Ex 21,9). Und es wird hinzugefügt: „Falls er sich [noch] eine andere nimmt, soll er ihre Nahrung, ihre Kleidung und den ehelichen Verkehr[19] mit ihr [der Sklavin] nicht verkürzen. Falls er aber diese drei Dinge nicht an ihr tut, soll sie umsonst ausziehen, ohne Geld" (Ex 21,10-11). Nicht eindeutig ist der Text in Bezug auf die Frage, ob die Frau bereits beim Fehlen einer der drei Dinge den Mann verlassen darf oder erst beim Fehlen aller drei Dinge. Auf die Frage der Wiederheirat der Frau geht der Text nicht ein.

Der „Scheidebrief", den Jesus in Mt 5,31 und 19,7 bzw. Mk 10,4 anspricht, wird im Alten Testament neben Dtn 24,1.3 auch in Jes 50,1 und Jer 3,8 erwähnt. Jer 3,1ff. knüpft, wie oben dargelegt wurde, an Dtn 24,1ff. an. Gemäß Jes 50,1f. hat Gott Israel „eurer Sünde wegen verkauft" und „eure Mutter" deshalb „entlassen" bzw. ihr den Scheidebrief gegeben. Gemäß Hos 2,21f. verspricht Gott aber, sich „in Ewigkeit mit dir" zu verloben, „und

19 Der Ausdruck, der an dieser Stelle im hebräischen Text verwendet wird, erscheint sonst nicht im Alten Testament, aber einige Male in den Qumrantexten.

du wirst Jahwe erkennen". Somit gibt es (neben Ex 21,11: Mann mit zwei Frauen mit dem Gebot, die zweite Frau unter gewissen Umständen ziehen zu lassen) keinen alttestamentlichen Text, der Scheidung ausdrücklich erlaubt, während Esr 10,2ff. davon berichtet, wie die Juden, welche ausländische Frauen geheiratet und dadurch treulos gegen Gott gehandelt hatten, sich von diesen wieder absonderten, indem sie die ausländischen Frauen fortschickten.

2. EHEBRUCH NACH DER LEHRE JESU

2.1 Jesus erlaubt Scheidung bei Hurerei

Jesus bestätigt den ursprünglichen Plan Gottes von der Unauflösbarkeit des Ehebundes.[20] Deshalb soll ein Mann seine Frau nicht entlassen mit der Ausnahme, dass sie in Hurerei lebt. So sagt Jesus z. B. nach Mt 5,31-32: „Wer seine Frau entlässt, gebe ihr einen Scheidebrief. Ich aber sage euch: Wer seine Frau entlässt, außer einer Sache von Hurerei, macht, dass mit ihr die Ehe gebrochen wird; und wer eine Entlassene heiratet, begeht Ehebruch."

In diesem Zusammenhang stellt sich die Frage, was mit „Hurerei" (griechisch: *porneia*) gemeint ist. In Mt 5,32 erscheint der Ausdruck *parektos logou porneias*, was wörtlich mit „ausgenommen des Wortes/der Sache der Hurerei" übersetzt werden kann.[21] Dazu bemerkt Luz: „Die Literatur zu dieser

---

20 Richtig schreibt Luz, dass Jesus „wohl vom reinen, unbedingten Willen Gottes her" denkt, „d. h. von der Ehe, nicht von der Liebe zur benachteiligten Frau her [gegen Exegeten wie z. B. R. Pesch] … Er steht damit in einer biblischen und jüdischen Tradition, welche der Scheidung mit grundsätzlicher Ablehnung gegenüberstand … Auch Jesus geht es wohl primär um die Unantastbarkeit der Ehe und damit des Willens Gottes" (Luz, Matthäus I/1, S. 360).

21 Gemäß Sir 23,23 begeht eine Frau, die ihren Mann verlässt und einen Erben (Nachkommen) von einem anderen Mann bekommt (vgl. Sir 23,22), eine dreifache Sünde: Sie ist dem

Ausnahmeklausel ist unübersehbar".[22] Im Folgenden geht er auf die unterschiedlichen Deutungen ein. Luz selbst versteht den Begriff *porneia* mit Walter Bauer[23] im Sinn von „jede Art illegitimer Geschlechtsverkehr". „Ist eine bestimmte Art der Unzucht gemeint, wird das jeweils durch den Kontext klar."[24] Luz betont weiter richtig:

> „Diese Feststellungen schließen m. E. eine entschiedene Absage an eine schon ältere, durch Bonsirven und Baltensweiser erneuerte und heute vor allem in der katholischen Exegese sehr populäre Interpretation ein, die *porneia* von den Inzestverboten von Lev her verstehen will. Mt [besser: Jesus] hätte dann ähnlich wie vielleicht Apg 15,20.29 nach heidnischem Brauch geschlossene Verwandtenehen für illegitim erklärt. Diese Interpretation ist aber m. E. ganz unwahrscheinlich, denn: 1. Der Kontext deutet durch nichts an, dass Mt [besser: Jesus] *porneia* so eng fassen und seine Ausnahme nur auf ehemalige Heiden beziehen will. 2. Entsprechend hätte kein einziger Kirchenvater und kein einziger Ausleger bis in die Neuzeit begriffen, um was es ihm eigentlich ging. 3. In Lev 18 fehlt gerade das Wort *porneia*. 4. *parektos logou porneias* ist

---

Gebot Gottes ungehorsam, sie verfehlt sich an ihrem Mann, „in Hurerei bricht sie die Ehe".

22 Luz, Matthäus I/1, S. 362.

23 Vgl. dazu Bauer/Aland, Griechisches Wörterbuch, Sp. 1389.

24 Luz, Matthäus I/1, S. 362.

> ein klarer Rückzug auf Dtn 24,1; dann aber muss von den Gründen der Scheidung legitimer und nicht von der Ungültigkeit illegitimer Ehen die Rede sein."[25]

Nach Luz ist es jedoch unmöglich, den Begriff *porneia* („Hurerei") in Mt 5,32 näher zu bestimmen.

> „*Porneia* lässt sich nicht präzisieren als Unzucht während der Verlobung, als vorehelicher Geschlechtsverkehr, als fortdauernder unbereuter Ehebruch bzw. Prostitution der Ehefrau, als Konkubinat, als ‚wilde Zuchtlosigkeit' oder als Flirt mit einem fremden Mann … Vielmehr bedeutet *porneia* an unserer Stelle sexuelle Betätigung der Frau außerhalb der Ehe, d.h. faktisch Ehebruch."[26]

Der Ausdruck *parektos logou porneias* in Mt 5,32 erinnert tatsächlich sehr stark an Dtn 24,1, wobei die Reihenfolge der Begriffe *logos porneias* („Wort/Sache der Hurerei") auf die Tradition der Schule Schammais[27] zurückzugehen scheint.

In der Mischna heißt es dazu:

> „Das Haus Schammais [= Schule Schammais] sagt: Man darf sich von seiner Frau

25 Luz, Matthäus I/1, S. 362–363.

26 Luz, Matthäus I/1, S. 363.

27 Es gab die Schule Schammais und die Schule Hillels. Dieser Hillel war der Großvater vom berühmten Gamaliel (vgl. Apg 5,34), zu dessen Füßen Paulus in Jerusalem ausgebildet wurde (vgl. Apg 22,3).

scheiden lassen, wenn man an ihr die Sache einer Blöße (*d^ebar ‚erwah*) feststellt, denn es heißt (Dtn 24,1): ‚Weil er an ihr die Blöße einer Sache (*'ärwat dabar*) gefunden hat.' Das Haus Hillels aber sagt: ‚Auch wenn sie seine Speise anbrennen ließ, denn es heißt: ‚Weil er an ihr die Blöße einer Sache (*'ärwat dabar*) gefunden hat.' Rabbi Aquiba sagt: ‚Wenn er eine andere gefunden hat, die schöner ist als sie, denn es heißt: So sei es, dass sie keine Gunst/kein Erbarmen in seinen Augen findet'" (mGit 9,10).[28]

Dabei ist zu beachten, dass der Scheidebrief grundsätzlich dazu führte, dass die geschiedene Frau im Judentum nun „jedem Mann erlaubt" war (d. h. um sie zu heiraten).[29] Angesichts solcher Auslegungen ist es verständlich, dass sich die Jünger Jesu über die (starke) Einschränkung durch Jesus wundern und meinen, es sei in dem Fall nicht „nützlich", zu heiraten (vgl. Mt 19,10).

Mit der „Sache von Hurerei" ist in Mt 5,32 (vgl. auch Mt 19,9) wohl gemeint, dass die Ehefrau

---

28 Vgl. auch z. B. mSot 6,3. In mJeb 14,1a steht: „… Wenn ein Vollsinniger eine Vollsinnige heiratet und sie taubstumm wird, kann er [sie] entlassen, wenn er will, aber [auch] nicht entlassen, wenn er will."

29 Vgl. z. B. mGit 9,3 (*mutar l^echol 'adam*); vgl. auch mGit 9,1f. Im römischen Recht war die Wiederheirat nach einer Scheidung (= Befreiung vom Ehebund) grundsätzlich erlaubt, wenn auch eine Frau, die nur einmal verheiratet war, besonderes Ansehen genoss (vgl. Kaser, Römisches Privatrecht, 268f.).

entweder vor der Eheschließung in Hurerei lebte oder wohl vielmehr nach der Eheschließung in ständiger ehelicher Untreue lebt, und zwar ohne die Bereitschaft, sich davon abzuwenden. Das ist der einzige Grund für Jesus, dass man sich von seinem Ehepartner trennen bzw. ihn entlassen kann. Zu beachten ist dabei, dass in so einem Fall die Scheidung nach jüdischem Recht nicht nur erlaubt, sondern sogar geboten war (vgl. z. B. bGit 90b), da die Frau für ihren Ehemann unrein geworden war.[30] Ansonsten ist für Jesus die Scheidung – nicht nur die Wiederheirat – Ehebruch.[31] Jesus erlaubt also in Mt 5,32 die Scheidung[32]; eine Erlaubnis zur Wiederheirat ist damit aber nicht ausgesprochen.[33]

---

30 Vgl. z. B. Jub 33,7; TestRub 3,15; mSot 5,1 („Wie sie dem Ehemann verboten ist, so ist sie auch dem Ehebrecher verboten, denn es heißt: ‚Sie wurde verunreinigt' …"). Vgl. dazu auch Konradt, Matthäus, S. 90. Luz weist darauf hin, dass es in Mt 19,9 nicht klar wird, ob der Mann dann, wenn vonseiten der Frau Hurerei vorliegt, „auf die Weiterführung seiner Ehe verzichten *kann* oder daß er sie entlassen *muß*" (Luz, Matthäus 3, S. 98). Wahrscheinlich wollte Jesus eher den ersten Aspekt betonen.

31 Vgl. auch Maier, Matthäus-Evangelium 1, S. 91: „Ja, die Scheidung wird dem ‚Ehebruch' gleichgestellt."

32 Vgl. auch Maier, Matthäus 1, S. 319: „Es handelt sich allerdings nur um das Recht, sich zu scheiden, und nicht um eine Pflicht, wie sie von den Rabbinern nach Mischna Sota V, 1 aufgestellt wurde. Das heißt, dass ein Ehebruch auch vergeben werden kann."

33 Anders jedoch ebd., S. 320–321: „Wer das Recht auf Scheidung hat, hat auch das Recht auf Wiederheirat." Das sagt Jesus an dieser Stelle allerdings nicht.

2.2 Erlaubt Jesus die Wiederheirat?

Jesus „erlaubt" also die Scheidung aufgrund von „Hurerei". Die Frage ist, ob damit auch „erlaubt" ist, dass der bzw. die Geschiedene eine zweite Ehe eingeht, während der erste Partner noch lebt.

Im Römischen Reich bestand nach Kaser – auf Grund der Ehegesetze, die von Augustus verfügt wurden – die allgemeine Ehepflicht für alle Männer von 25 bis 60 sowie für alle Frauen von 20 bis 50 Jahren. „Verwitwete oder Geschiedene in diesem Alter müssen wieder heiraten."[34] Nach der jüdischen Mischna war die Erlaubnis der Wiederheirat Teil des Scheidebriefs[35], und gemäß mGit 9,3 lautete ein Hauptbestandteil des Scheidebriefs: „Du bist nun jedem Mann erlaubt." Und es wird ergänzt, dass nach Rabbi J^{e}huda die geschiedene Frau nun gehen kann, wohin sie will, „um von jedem Mann zur Frau genommen zu werden", und es wird als Hauptbestandteil des Scheidebriefs erwähnt: „Du bist nun frei, du gehörst nun dir selbst an." Das erinnert an 1. Korinther 7,39, wonach eine Frau allerdings an ihren Mann „gebunden" ist, bis der Mann „entschlafen" ist, aber nach dem Tod des Mannes darf sie sich verheiraten lassen (Passiv!)[36], „wenn sie will, nur im Herrn [soll das geschehen]".

---

34 Kaser, Römisches Privatrecht, S. 264.

35 Vgl. mGit 9,1ff.

36 Die Passivform an dieser Selle erinnert an die Hitpaelform (im Sinn von: „zur Frau genommen werden") in mGit 9,3 (vgl. auch mKet 4,11).

Die Frage ist nun, wie Jesus dazu steht. Dazu äußert sich Jesus an den folgenden Stellen:

> „Wer seine Frau entlässt, es sei denn wegen Hurerei, der macht, dass an ihr die Ehe gebrochen wird; und wer eine Geschiedene heiratet, der bricht die Ehe" (Mt 5,32).

> „Wer seine Frau entlässt und eine andere heiratet, begeht Ehebruch gegen sie [d. h. gegen die erste Frau]; und wenn eine Frau, nachdem sie ihren Mann entlassen hat, einen anderen heiratet, bricht sie die Ehe" (Mk 10,11-12).

> „Jeder, der seine Frau entlässt und eine andere heiratet, der bricht die Ehe; und wer eine vom Mann Entlassene heiratet, bricht die Ehe" (Lk 16,18).

Diese Texte zeigen m. E. deutlich, dass gemäß den Aussagen Jesu jeder, der eine Geschiedene heiratet, und jede, die einen Geschiedenen heiratet, die Ehe (d. h. den Ehebund) bricht.[37] Das bedeutet mit anderen Worten, dass für Jesus der Ehebund auch dann weiterhin bestehen bleibt, wenn eine Scheidung unter Umständen erlaubt ist und durchgeführt wird. Jesus sagt gemäß Lk 16,18 sogar

---

37 Vgl. zu Mt 5,32 auch Maier, Matthäus 1, S. 318–319: „*Heiratet* ein Mann eine Geschiedene (*eine Entlassene*), dann zerstört er endgültig die vorausgehende Ehe. Jesus spricht diesen Grundsatz in aller Klarheit aus. Er wird auch hier nicht kasuistisch, er setzt keine ‚neue Halacha'" (Hervorhebung im Original durch Fettschrift).

ausdrücklich, dass jeder, der seine Frau entlässt und eine andere heiratet, die Ehe bricht, und ebenso wer eine Geschiedene heiratet, und das, ohne einen Scheidungsgrund anzugeben. Das bedeutet, dass ein Mann, der seine Frau entlässt bzw. sich von ihr scheiden lässt, gemäß der Lehre Jesu nur dann nicht die Ehe (den Ehebund) bricht, wenn die Frau bereits in Hurerei lebte, und dass jeder Mann, der eine geschiedene Frau heiratet, die Ehe bricht.

Doch warum sagt Jesus nach Mt 5,32, dass derjenige, der seine Frau entlässt, ohne dass sie in Hurerei lebte, „macht, dass an ihr die Ehe gebrochen wird"? Wenn eine Ehefrau in Hurerei lebt, ist sie bereits eine Ehebrecherin, sodass der Mann in diesem Fall nicht mitschuldig wird, wenn sie eine zweite Ehe eingeht.[38] Wenn sie aber noch keine Ehebrecherin ist, und der Mann entlässt sie, so geht Jesus wohl davon aus, dass sie damals in sozialer Hinsicht gezwungen war, einen anderen Mann zu heiraten, wodurch der Ehebruch an ihr vollzogen wird, und der Mann, der sie entlassen hat, ist in so einem Fall mitschuldig an dem Ehebruch, der durch die zweite Eheschließung vollzogen wird.[39] Damit ist eine Wiederheirat, während der erste Partner noch lebt, für Jesus offenbar immer Ehebruch, egal, welcher Grund zur Ehescheidung führte![40]

38 Vgl. auch Fiedler, Matthäusevangelium, S. 140; Martin, Divorce and Remarriage, S. 21.

39 Vgl. dazu u. a. Maier, Matthäus 1, S. 318.

40 Vgl. auch Martin, Divorce and Remarriage, S. 23.

Eine nicht ganz einfache Frage ist nun, wie Mt 19,9 in diesem Kontext zu versehen ist. Die Frage ist, ob Jesus an dieser Stelle nur die Scheidung oder auch die Wiederheirat nicht als Ehebruch bezeichnet, wenn Hurerei vorliegt. Allein auf Grund des Textes ist diese Frage nicht eindeutig zu beantworten.[41] Deshalb wird es wichtig sein, den Text im engeren literarischen Kontext und im Kontext der sonstigen Lehre Jesu zu betrachten.

In Mt 19,3-6.9 lesen wir:

> „Und die Pharisäer kamen zu ihm, versuchten ihn und sprachen: Ist es einem Mann erlaubt, aus jeder [beliebigen] Ursache seine Frau zu entlassen? Er aber antwortete und sprach: Habt ihr nicht gelesen: Der am Anfang den Menschen geschaffen hat, schuf sie männlich und weiblich (als Mann und als Frau). Und er sprach: ‚Darum wird ein Mann Vater und Mutter verlassen und seiner Frau anhängen (ankleben), und die zwei werden zu einem Fleisch werden'? So sind sie nun nicht mehr zwei, sondern ein Fleisch. Was nun Gott

---

41 Vgl. dazu u. a. Luz, Matthäus 3, S. 98f.; Turner, Matthew, S. 462; Stott, Jesus and Divorce, S. 113–116. Gemäß Haubeck/von Siebenthal, Neuer Sprachlicher Schlüssel 1, S. 123, handelt es sich bei „außer wegen Unzucht" um „eine Parenthese …, durch die die Protasis als Ganzes … modifiziert wird". Diese „Protasis als Ganzes" geht demgemäß bis *allēn* („eine andere") am Schluss des Verses. Das ist allerdings eine Frage der Interpretation, die von der Syntax her nicht eindeutig beantwortet werden kann.

> zusammengefügt hat, das soll der Mensch nicht scheiden! … Ich aber sage euch, dass, wer immer seine Frau entlässt (sich scheidet), außer auf Grund von Hurerei, und [wer] eine andere heiratet, Ehebruch begeht."

Es ist m. E. durchaus wahrscheinlich, dass es sich um Pharisäer aus der Schule Schammais handelt, die von Jesus wissen wollen, ob er den Hilleliten in ihrer liberalen Deutung von Dtn 24,1 beipflichtet. Von diesem Hintergrund aus verstehe ich die Frage, ob es „aus jeder [beliebigen] Ursache" erlaubt sei, „seine Frau zu entlassen". Die Antwort Jesu überrascht nicht nur die Pharisäer (aus der „strengen" Schule Schammais?), sondern auch die Jünger Jesu (vgl. Mt 19,10).

Es spricht m. E. viel dafür, dass Jesus an dieser Stelle die Aussage von Mt 5,32 etwas gekürzt „wiederholt". Dafür spricht der folgende Vergleich:

> „Wer seine Frau entlässt (sich scheidet), außer auf Grund der Sache von Hurerei, macht, dass mit ihr Ehebruch begangen wird; **und wer** eine Entlassene (Geschiedene) heiratet, begeht Ehebruch" (Mt 5,32).

> „Ich sage euch aber, dass, wer immer seine Frau entlässt (sich scheidet), außer wegen Hurerei, **und [wer]** eine andere heiratet, Ehebruch begeht" (Mt 19,9).

Dafür, dass Jesus bei der Aussage in Mt 19,9 den Text aus Mt 5,32 voraussetzt, spricht auch, dass es sich bei Mt 19,9 um eine deutliche Parallele zu Mk 10,11 handelt, wie der jeweilige Kontext zeigt, während die Aussage in Mk 10,11 „der bricht die Ehe gegen sie [d. h. gegen die entlassene Frau]“ ihrerseits gewissermaßen eine Parallele zur Aussage Jesu in Mt 5,32 – „der macht, dass mit ihr [d. h. mit der entlassenen Frau] die Ehe gebrochen wird“ – darstellt. Damit deutet die Aussage Jesu zumindest in Mk 10,11 an, dass der Text aus Mt 5,32 vorausgesetzt wird, was entsprechend natürlich dann auch für Mt 19,9 gilt, wenn wir davon ausgehen, dass die Aussage auf Jesus zurückzuführen ist, wie das die Evangelisten bezeugen.

Wenn wir in diesem Zusammenhang vom „Prinzip der Auslassung“ ausgehen[42], d. h. dass es sich bei Mt 19,3-12 und Mk 10,2-12 um Paralleltexte handelt, wobei beide Evangelisten die Rede Jesu nicht vollständig zitieren und dabei unterschiedliche Äußerungen Jesu weglassen, so ergänzt der Text aus Mk 10,10-12 den Text aus Mt 19,3-12. Eine „Harmonisierung“ der Texte sieht dann folgendermaßen aus, indem Mk 10,10-12 zwischen Mt 19,9 und 10 ergänzt wird:

> „... Und die Pharisäer kamen zu ihm, versuchten ihn und sprachen: Ist es einem Mann erlaubt, aus jeder [beliebigen] Ursache seine Frau zu entlassen? Er aber antwortete und sprach: Habt ihr nicht gelesen: Der am Anfang den Menschen geschaffen hat, schuf

42 Vgl. dazu Thiessen, Hermeneutik, S. 220ff.

sie männlich und weiblich (als Mann und als Frau). Und er sprach: ‚Darum wird ein Mann Vater und Mutter verlassen und seiner Frau anhängen (ankleben), und die zwei werden zu einem Fleisch werden'. So sind sie nun nicht mehr zwei, sondern ein Fleisch. Was nun Gott zusammengefügt hat, das soll der Mensch nicht scheiden! … Ich aber sage euch, dass, wer immer seine Frau entlässt (sich scheidet), außer auf Grund von Hurerei, und [wer] eine andere heiratet, Ehebruch begeht. Und im Hause befragten ihn die Jünger deswegen noch einmal; und er spricht zu ihnen: ‚Wer seine Frau entlässt und eine andere heiratet, [d. h. gegen die erste Frau]; und wenn sie ihren Mann entlässt und einen anderen heiratet, begeht sie Ehebruch.' Seine Jünger sagen zu ihm: ‚Wenn die Sache des Mannes mit der Frau so steht, so ist es nicht ratsam zu heiraten.' Er aber sprach zu ihnen: ‚Nicht alle fassen dieses Wort, sondern denen es gegeben ist; denn es gibt Verschnittene (Kastrierte), die von Mutterleib so geboren sind; und es gibt Verschnittene, die von den Menschen verschnitten (kastriert) worden sind; und es gibt Verschnittene, die sich selbst verschnitten haben um des Reiches der Himmel willen. Wer es fassen kann, der fasse es.'"

Die Reaktion der Jünger nach Mt 19,10 folgt demnach erst, nachdem Jesus „im Haus" (vgl. Mk 10,10) ist, nachdem Jesus nochmals verdeutlicht hat, wie seine Aussage zu verstehen ist. Und da Mk 10,11 wohl die Aussage aus Mt 5,32 bei den Jüngern voraussetzt, muss das demnach auch in Bezug auf Mt 19,9 der Fall sein. Das bedeutet, dass Jesus in Mt 19,9 wie in Mt 5,32 zwei Aussagen macht:

1. Wer sich von seiner Frau scheidet, bricht den Ehebund mir ihr, außer wenn „Hurerei" vorliegt (da sie den Bund in dem Fall ja schon gebrochen hat). Im Bund wurde die Treue versprochen, und diese ist bereits mit der Trennung gebrochen. Zu beachten ist auch, dass es bei der von den Pharisäern gestellten Frage nicht um Wiederheirat ging, sondern um die Frage, ob es erlaubt sei, „auf Grund von jeder Ursache seine Frau zu entlassen" (vgl. Mt 19,3), obwohl – wie oben dargelegt – in diesem Fall der jüdische Scheidebrief die Wiederheirat ausdrücklich erlaubte.

2. Wer nach der Scheidung wieder heiratet (unter welchen Bedingungen auch immer), bricht seinerseits den Ehebund mit der ersten Frau. Jesus beantwortet somit mit der Aussage „wer auch immer seine Frau entlässt, außer wegen Hurerei …, begeht Ehebruch" die Frage der Pharisäer und fügt noch hinzu, dass jeder, der eine Geschiedene heiratet, den Ehebund bricht.

Damit ist in Mt 19,9 wohl ebenso wenig wie in Mt 5,31f. gesagt, dass derjenige, der sich wegen Hurerei von seiner ersten Frau scheidet und eine andere heiratet, den Ehebund nicht bricht, weil die Frau ihn z. B. ja schon gebrochen habe, auch wenn diese Frage allein von Mt 19,9 her nicht eindeutig zu beantworten ist. Das sieht auch Luz (der den Text nicht von Jesus her, sondern von Matthäus und „seiner Gemeinde" her auslegt[43]) so, indem er u. a. schreibt:

> „Der Wortlaut von V. 9 erlaubt keine Antwort. Mindestens die Möglichkeit, daß ein Mann, der seine Frau wegen Ehebruchs erlaubterweise entlassen hat, eine andere heiraten kann, scheint offenzubleiben. 5,32 war hier klarer: Aus dem dort ausgesprochenen Verbot, eine Geschiedene zu heiraten, ergab sich wenigstens indirekt, durch Ausweitung auf die geschiedenen Männer, die Unmöglichkeit einer zweiten Ehe nach der Scheidung. Es spricht nun viel dafür, 19,9 nicht anders als 5,32 auszulegen."[44]

Luz betont dabei u. a., dass die „fast einhellige Auslegungsgeschichte in der Alten Kirche" für diese Auslegung spricht.[45] Zudem fehlt m. E. in der Bibel die Grundlage für die Annahme, dass der Ehebund für beide Seiten aufgehoben sei, nur weil eine Seite

---

43 Für Luz wird jedoch deutlich, „daß die Eheauffassung der matthäischen Gemeinde von derjenigen Jesu trotz der Einführung der Unzuchtklausel wohl kaum wesentlich verschieden ist" (Luz, Matthäus 3, S. 98).

44 Ebd.

45 Vgl. ebd., S. 98f. Vgl. dazu auch Stott, Jesus and Divorce, S. 19ff.

ihn gebrochen hat (sonst müsste das bei Trauungen auch entsprechend zum Ausdruck kommen). Diese Erkenntnis entspricht auch den folgenden Aussagen Jesu:

- „Wer seine Frau entlässt und eine andere heiratet, begeht Ehebruch gegen sie [d. h. gegen die erste Frau]“ (Mk 10,11).

- „Jeder, der seine Frau entlässt (sich scheidet) und eine andere heiratet, begeht Ehebruch; und jeder, der eine von [ihrem] Mann Entlassene (Geschiedene) heiratet, begeht Ehebruch“ (Lk 16,18).

- Vgl. auch Mt 5,32: „… und wer eine Entlassene heiratet, begeht Ehebruch“.

In diesem Sinn scheinen auch die Jünger Jesu die Aussage Jesu verstanden zu haben, denn so erklärt sich ihre Reaktion auf die Aussage Jesu (vgl. Mt 19,10). Jesus bestätigt also nicht einfach die Sicht der Schule Schammais, sondern bezeichnet Wiederheirat in diesem Fall als Ehebruch.[46]

---

46 Vgl. auch Luz, Matthäus 3, S. 99: „Auch für die jüdischen Rigoristen der Schule Schammajs ist eine Ehe durch Ehebruch zerstört, und die Ehegatten sind frei zu einer neuen Heirat. Für Matthäus und seine Gemeinde ist die Ehe als Schöpfungsordnung und als Abbild der urbildlichen Existenz des ‚Adam‘ (Gen 1,27) nicht aufhebbar: Sie bleibt ungeschieden, auch wenn ein Mann seine Frau wegen Unzucht entlassen muß.“

Bei Lk 16,18 handelt es sich jedoch offenbar nicht um einen Paralleltext zu Mt 19,9 und Mk 10,11f. Dabei ist zu beachten, dass Lk 16,17 offenbar die Aussage Jesu aus Mt 5,18 (im Kontext) voraussetzt. Demnach ist es gut möglich, dass die Aussage Jesu in Lk 16,18 ebenfalls an Mt 5,32 anknüpft, indem Jesus nochmals in aller Deutlichkeit betont, dass jeder (Mann), „der seine Frau entlässt und eine andere heiratet", Ehebruch begeht, was ebenso für jeden Mann gilt, „der eine von [ihrem] Mann Entlassene (Geschiedene) heiratet".

3. SCHEIDUNG UND EHEBRUCH NACH DEN PAULUSBRIEFEN

3.1 Die Ehe wird als lebenslänglicher Bund bestätigt

Zur Dauer des Ehebundes äußert Paulus sich in Röm 7,2-3 und 1. Kor 7,39.

> „Denn eine Frau ist durch das Gesetz an ihren Mann [auf Grund des Ehebundes] gebunden, solange der Mann lebt; wenn aber der Mann stirbt, so ist sie frei von dem Gesetz, das sie an den Mann bindet (wörtlich: ‚ist sie wirkungslos gemacht worden vom Gesetz des Mannes'). Wenn sie nun [Frau] eines anderen Mannes wird, solange ihr Mann lebt, wird sie eine Ehebrecherin genannt; wenn aber ihr Mann stirbt, ist sie frei vom Gesetz, so dass sie nicht eine Ehebrecherin ist, wenn sie [Frau] eines anderen Mannes wird" (Röm 7,2-3).

> „Eine Frau ist [durch den Ehebund] gebunden, solange ihr Mann lebt; wenn aber der Mann entschlafen [d. h. gestorben] ist, ist sie frei, zu heiraten, wen sie will; nur dass es in dem Herrn geschehe" (1. Kor 7,39).

Paulus bestätigt damit den lebenslänglichen Ehebund nach dem alttestamentlichen Gesetz. Zu beachten ist in Bezug auf Röm 7,3 auch, dass Paulus kaum meint, dass eine Frau, die wieder heiratet, lebenslänglich Ehebrecherin genannt wird, und zwar selbst dann, wenn sie von Gott Vergebung empfangen hat. Vielmehr schreibt Paulus, dass sie in dem Moment, wenn sie wieder heiratet, zur Ehebrecherin wird („Ehebrecherin genannt werden“ = eine Ehebrecherin werden), da sie durch die Wiederheirat den Ehebund mit dem ersten Mann – der offenbar immer noch gilt, egal ob der erste Mann wieder geheiratet hat oder nicht – bricht.

Aber auch dafür gibt es Vergebung. In 1. Kor 6,11 schreibt Paulus, dass „einige von euch“ u. a. Ehebrecher gewesen sind (vgl. 1. Kor 6,9f.), „aber ihr seid abgewaschen (gebadet), ihr seid geheiligt, ihr seid gerechtfertigt in dem Namen des Herrn Jesus Christus und im Geist unseres Gottes“. Durch die Hinwendung zu Jesus Christus und die damit verbundene Vergebung der Sünden sind sie nun nicht mehr Ehebrecher. Das schließt natürlich mit ein, dass sie sich auch vom Ehebruch grundsätzlich abgewandt haben.

3.2 Nach einer Scheidung ehelos bleiben oder sich versöhnen

Wie ein Christ sich verhalten soll, wenn er bereits von seinem Partner getrennt lebt, bringt Paulus in 1. Kor 7,10-11 zum Ausdruck, indem er schreibt:

> „Den Verheirateten aber gebiete nicht ich, sondern der Herr, dass die Frau sich nicht von ihrem Mann trennen soll – hat sie sich aber

getrennt, soll sie ehelos [d. h. ohne zweite Ehe] bleiben oder sich mit ihrem Mann versöhnen – und dass der Mann seine Frau nicht entlasse."

Paulus fordert die Ehepartner auf, sich nicht vom Ehepartner/von der Ehepartnerin zu trennen bzw. ihn/sie nicht zu entlassen.[47] Mit der Aufforderung des Apostels wird das, was in der damaligen Umwelt allgemein praktiziert wurde[48], abgelehnt. Auffallend ist die Tatsache, dass Paulus auch in Bezug auf Ehescheidung Mann und Frau die gleichen Rechte und Pflichten zuschreibt (so auch in 1. Kor 7,12-13), obwohl dem Mann damals allgemein viel mehr Rechte zugeschrieben wurden als der Frau.[49] Ob er sich damit auf Scheidungswillige, auf bereits

---

47 Vgl. dazu und zum Folgenden Thiessen, Der 1. Korintherbrief, S. 75–78.

48 Vgl. zum römischen Scheidungsrecht u. a. Kaser, Römisches Privatrecht, S. 268–270 (die Scheidung „ist, dem Wesen der römischen Ehe als soziales Faktum gemäß, ebenso wie die Eheschließung kein Rechtsgeschäft, sondern ein faktischer, privater Vorgang, der weder an feste Gründe gebunden noch unter gerichtliche Kontrolle gestellt ist. Die römische Scheidung besteht darin, dass die eheliche Lebensgemeinschaft von einem oder beiden Gatten aufgehoben wird im geäußerten Bewusstsein, dass die Ehe damit beendet sein soll"; ebd., S. 268); zu Scheidungsmöglichkeiten der Frauen im Judentum vgl. Strack/Billerbeck, Kommentar I, S. 318f. und II, S. 23f. In mYev 14,1 heißt es: „Nicht gleicht der Mann, der [die Frau durch Scheidebrief] entlässt, der Frau, die entlassen wird; denn die Frau wird entlassen, sie mag wollen oder nicht wollen; der Mann aber entlässt [seine Frau] nur freiwillig." Vgl. zum Judentum auch Instone-Brewer, Divorce and Remarriage, S. 59–132.

49 Vgl. dazu auch u. a. Schnabel, Korinther, S. 372–374.

Geschiedene oder auf einen möglichen zukünftigen Fall in Korinth bezieht, wird im Text nicht klar.[50]

Schnabel weist darauf hin, dass die Scheidung nach römischem Recht „die Aufhebung der ehelichen Lebensgemeinschaft bedeutet, wo eher private als gerichtliche Übereinkünfte eine Rolle spielten", und deshalb „wäre zu erwägen, ob die ‚Scheidung', von der Paulus hier spricht, nicht eher der ‚Trennung' im heutigen Recht entspricht."[51] Nach Schrage meint *chorizomai*[52] in Vers 15 dagegen „wie in V 10 eine wirkliche Auflösung der Ehe ..., nicht nur eine Trennung a mensa et thoro, denn sonst konzedierte Paulus nichts, was ohnehin nicht zu ändern ist ..."[53] Da die Scheidung die Trennung grundsätzlich voraussetzt, ist sie somit zumindest

---

50 Vgl. Schnabel, Korinther, S. 371: „Ausleger, die in Korinth ‚pneumatische Frauen' oder Prophetinnen identifizieren, nehmen an, dass der Wunsch zur Auflösung der Ehe von diesen ausging, da sie ihre Erfahrung des Geistes als nicht kompatibel mit den leiblichen Aspekten der Ehe ansahen. Davon ist im Text jedoch nichts zu lesen. Plausibler ist der Vorschlag, dass Paulus deshalb von der Ehescheidung spricht, weil durch die in V.8-9 angezeigt ‚bloß relative Wertigkeit der Ehe' die Frage aufkam oder aufkommen konnte, was die verheirateten Christen machen sollen, die auf Intimverkehr verzichten können." Doch selbst dann, wenn man von der Anwesenheit solcher „pneumatischer Frauen" in Korinth ausgeht, ist es nicht nötig, sie als Anlass dieser Formulierungen zu sehen.

51 Schnabel, Korinther, S. 374.

52 Das Verb wird im Neuen Testament an folgenden Stellen verwendet: Mt 19,6; Mk 10,9; Apg 18,1.2; Röm 8,35.39; 1. Kor 7,10.11.15; Phlm 15; Hebr 7,26.

53 Schrage, Korinther 2, S. 109, Anm. 329.

indirekt auch mit betroffen, wenn Paulus die Trennung verbietet.

Die Aufforderung, sich entweder nicht scheiden zu lassen oder im Fall einer vorhandenen Scheidung „ehelos“ zu bleiben – d. h. nicht einen anderen zu heiraten – oder sich wieder mit dem ersten Partner zu versöhnen, betrachtet Paulus als ein Gebot des Herrn[54]. Es wäre exegetisch falsch, von dieser Aussage aus rückwirkend 1. Kor 7,8 so zu verstehen, dass damit auch dort mit den „Ehelosen“ (*tois a-gamois*) die Geschiedenen gemeint seien, die dann gemäß 1. Kor 8,9 die „Erlaubnis“ hätten, wieder zu heiraten. Denn erstens würde das der Aussage in 1. Kor 7,11 wiedersprechen, und zweitens bringt das Perfekt Partizip Passiv in 1. Kor 7,10 zum Ausdruck, dass dieser Zustand des „Verheiratetseins“ auch bei den Geschiedenen grundsätzlich immer noch gilt. Dass sie „ehelos“ bleiben sollen, bedeutet also nicht, dass sie auch in dem Sinn ehelos sind, dass der Ehebund für sie keine Gültigkeit mehr hätte. Das sagt der Text zumindest nicht. „Sie soll ehelos (*a-gamos*) bleiben“ bedeutet lediglich, dass sie keine neue eheliche Beziehung eingehen soll.

54 Vgl. dazu Stott, Jesus and Divorce, S. 139: „There is a possibility that Paul's qualification of the secular divorce terminology has its parallel in Jesus' unqualified statement, ‚And whoever marries a divorced [person] commits adultery.' The Christian, now under a new Master (not just the Roman authority), does not have the right to remarry after divorce, whatever the cause, because that is adultery in the light of the command of the Lord (Mark 10:11-12/Matt. 19:9) despite what the legal authorities permit.“

Wiederheirat wird an dieser Stelle „als Möglichkeit nicht erwähnt“[55].

3.3 Worauf bezieht sich 1. Kor 7,15?

Einen „legitimen“ Grund für die Wiederheirat von Geschiedenen sehen manche in 1. Kor 7,15. Es stellt sich damit die Frage, worum es in diesem Abschnitt geht.

> „Den anderen aber sage ich, nicht der Herr: Wenn ein Bruder eine ungläubige Frau hat und es ihr gefällt, bei ihm zu wohnen, so soll er sie nicht verlassen. Und wenn eine Frau einen ungläubigen Mann hat und es ihm gefällt, bei ihr zu wohnen, so soll sie den Mann nicht verlassen. … Wenn aber der Ungläubige sich trennen will, so soll er sich trennen. Der Bruder oder die Schwester ist in solchen Fällen nicht versklavt. Zum Frieden hat euch Gott berufen“ (1. Kor 7,12-13.15).

In diesem Abschnitt geht es nicht um die Frage, ob ein Christ die Ehe mit einem Ungläubigen eingehen darf.[56] Indirekt bestätigt der Text vielmehr, dass Paulus das Gegenteil voraussetzt, denn sonst würde er den Christen erlauben, Ungläubige zu heiraten, und wenn diese nicht länger in der Ehe bleiben wollten, dürften sie den gläubigen Partner wieder

55 Vgl. Schrage, Korinther 2, S. 103.
56 Vgl. auch Lerle, Praktischer Kommentar, S. 59.

verlassen. Das würde aber bedeuten, dass Paulus oberflächlich mit der Ehe umginge.

Es handelt sich vielmehr um den Fall, dass beide offenbar nicht Christen waren, als sie heirateten. Inzwischen (d. h. nach der Hochzeit) ist einer der Partner zum Glauben gekommen. Wenn wir an die total verschiedenen Lebensformen der Heiden und der Christen damals denken, wird klar, dass ein Zusammenleben manche Fragen und Probleme mit sich brachte.[57] Wenn wir dazu noch bedenken, dass die Juden z. B. nicht in das Haus eines Heiden gingen, weil sie meinten, sie würden sich dadurch geistlich unrein machen, so können wir uns vorstellen, dass auch die Christen zum Teil in Gewissenskonflikte gerieten, wenn sie mit einem „Heiden" zusammen in einem Haus wohnten und sogar das Ehebett teilten. Paulus zeigt nun jedoch auf, dass der gläubige Ehepartner bzw. die gläubige Ehepartnerin aus Gewissensgründen problemlos weiter mit dem ungläubigen Partner zusammenleben kann.

Es könnte jemand jedoch meinen, dass er unbedingt an der ehelichen Bindung festhalten müsse, obwohl der ungläubige Partner nicht einverstanden ist und obwohl der Glaube der gläubigen Person bzw. sie selbst darunter stark leidet. In solchem Fall – so schreibt Paulus – ist der gläubige Partner nicht „versklavt" bzw. „sklavisch gebunden" (so wörtlich)[58]. Gott will den Frieden bzw. das Heil seiner

---

57 Vgl. auch ebd., S. 60.

58 Es geht im Text nicht darum, die Ehe als solches als eine Form der Sklaverei zu betrachten, wie das bei der stoisch-kynischen

„Kinder". So ist es besser, sie lassen den ungläubigen Partner ziehen, statt sich selbst kaputt machen zu lassen oder sogar im Glauben Schiffbruch zu erleiden.

Die Frage der Wiederheirat nach der Trennung ist an dieser Stelle nicht angesprochen.[59] Wer auf diese Frage in unserem Vers eine Antwort sucht, der sucht m. E. am falschen Ort. Denn davon spricht der Text nicht. In 1. Kor 7,8f. hatte Paulus die Möglichkeit der Wiederheirat nur für Witwen erwähnt (vgl. auch 1. Kor 7,39f.), und in 1. Kor 7,10f. ging es um die Geschiedenen.

In Bezug auf 1. Kor 7,15 ist auch zu beachten, dass an dieser Stelle nicht wie z. B. in 1. Kor 7,27.39 und in Röm 7,2 das Verb *deō* („binden"), sondern das Verb *douloō* gebraucht wird, das wörtlich „versklaven" heißt (vgl. z. B. Röm 6,18.22; Gal 4,3; Tit 2,3), und zwar im Perfekt Passiv, wodurch zum Ausdruck gebracht wird, dass die gläubige betroffene Person nicht im Zustand des Versklavtseins lebt (= resultativer Aspekt). Das Verb *deō* („binden") wird im Neuen Testament in verschiedener Hinsicht gebraucht, so z. B. in Bezug auf die Fesseln des Gefängnisses (vgl. Mt 22,13; Kol 4,3; 2. Tim

---

Ehediskussion der Fall war, worauf Deming (Marriage, S. 147–150) hinweist.

59 Vgl. u. a. Stott, Jesus and Divorce, S. 140–144; Cochlovius, Was Gott zusammengefügt hat, S. 64–66; anders Adams, Marmor, S. 78–81; Schwengeler, Zur Sache, S. 27. Manche Ausleger lassen den Punkt an dieser Stelle offen (vgl. z. B. Schrage, Korinther 2, S. 109f., Anm. 329; Garland, Corinthians, S. 296f.).

2,9) oder im bildlichen Sinn in Bezug auf den Ausschluss aus der Gemeinde Jesu (Mt 16,19; 18,18) und – wie Röm 7,2 und 1. Kor 7,27.39 – in Bezug auf den Ehebund. „Binden“ und „lösen“ waren bei den Rabbinern gebräuchliche Ausdrücke für ihre Entscheidungen in Bezug auf das, was „verboten“ oder was „erlaubt“ ist[60], aber auch in Bezug auf den Synagogenbann, nämlich auf den Ausschluss („binden“) oder die Aufhebung des Ausschlusses („lösen“)[61]. Paulus gebraucht das Wort „binden“ in Bezug auf die Verpflichtung der ehelichen Treue durch das Gesetz Gottes, wobei er in Röm 7,2 und 1. Kor 7,39 zum Ausdruck bringt, dass der Ehebund solange bestehen bleibt, bis einer der Partner gestorben ist. In 1. Kor 7,15 spricht Paulus jedoch nicht von einer „Bindung“ durch den Ehebund, sondern er gebraucht das Verb *douloō* („versklaven“) und bringt damit zum Ausdruck, dass der gläubige Partner nicht wie ein Sklave an der Ehe festhalten muss, komme, was komme. Die Begründung dafür: „Zum Frieden hat Gott euch berufen.“

Die Frage in 1. Kor 15,16 („was weißt du … ob …?“) ist nach Schnabel „nicht negativ-resignativ[62], sondern positiv-ermutigend[63]“ gemeint: „Wer weiß? Vielleicht kannst du, Frau, deinen Mann

---

60 Vgl. Bauer/Aland, Griechisches Wörterbuch, Sp. 355.

61 Vgl. Strack/Billerbeck, Kommentar I, S. 741ff. und 792f. und den Exkurs „Der Synagogenbann“ in: ebd., Bd. IV.1, S 293–333.

62 So z. B. Merklein, Korinther 2, S. 123; Schlatter, Paulus, S. 226.

63 So z. B. auch Fee, Corinthians, S. 305; Baumert, Ehelosigkeit, S. 68; Rosner, Paul, S. 171; Schrage, Korinther II,

retten!"[64] Paulus ermahnt demgemäß die Christen in Korinth, alles, was an ihnen liegt, zu tun, „um die Ehe aufrechtzuerhalten und im Frieden mit dem Ehemann oder der Ehefrau zu leben".[65] Schnabel begründet diese Sicht damit, dass die Christen keine reelle Möglichkeit gehabt hätten, „die Ehe aufrechtzuerhalten, wenn sich der ungläubige Ehepartner scheiden lassen will", und dass die korinthischen Christen der Ermutigung bedürften, alles in ihrer Macht Stehende zu tun, um die Ehe aufrecht zu erhalten".[66] Andererseits zeige die Frageform „allerdings, dass es bei allem Optimismus keine Gewissheit gibt, ob sich die ungläubigen Ehepartner tatsächlich einmal bekehren werden."[67] Angesichts dieser Tatsache muss man nicht den einen Aspekt gegen den anderen ausspielen.

Ob der gläubige Ehepartner in dem Fall, dass der Ungläubige ihn verlässt, in eine gesetzliche Scheidung einwilligen darf, bleibt damit offen. Natürlich wird der Gläubige keine Scheidung anstreben mit der Absicht, wieder zu heiraten, aber es ist wohl besser, er willigt in die Scheidung ein, statt dass der frühere Ehepartner nun ständig ohne Trauschein in „wilder Ehe" lebt.

S. 112, Garland, Corinthians, S. 294; Lindemann, Korinther, S. 167; Collins, Corinthians, S. 272.

64 Schnabel, Korinther, S. 380.

65 Ebd., S. 381.

66 Ebd., S. 380–381.

67 Ebd., S. 381.

3.4 Erlaubt 1. Kor 7,27-28 die Wiederheirat?

Einen anderen Hinweis für eine „legitime" Wiederheirat nach einer Scheidung sehen manche auch in 1. Kor 7,27-28, wo Paulus schreibt:

> „Bist du an eine Frau gebunden, so suche keine Lösung [d. h. Scheidung]; bist du frei, so suche keine (Ehe-)Frau. Wenn du aber doch heiratest, sündigst du nicht, und wenn eine Jungfrau heiratet, sündigt sie nicht. Doch werden solche in Bedrängnis kommen. Ich aber verschonte euch gerne."

Im griechischen Text steht an dieser Stelle für „frei" eine Perfektform (resultativer Aspekt); d. h. wir könnten auch mit „befreit" (nicht aber mit „befreit worden"!) übersetzen.[68] In der griechischen Sprache des Neuen Testaments hat das Perfekt Gegenwartsbedeutung (= resultativer Aspekt) und betont entweder die gegenwärtige Auswirkung einer vollbrachten Handlung oder beschreibt einen gegenwärtigen Zustand, der nicht unbedingt durch eine vollbrachte Handlung in der Vergangenheit verursacht worden sein muss (vgl. z. B. Joh 3,13; Röm 2,19; 8,38; 14,14; Phil 1,6.14).[69] D. h. der „freie" Zustand, also der Zustand, der nicht durch die Ehe „gebunden" ist, könnte entweder einen Zustand

68 Vgl. dazu und zum Folgenden Thiessen, Der 1. Korintherbrief, S. 83–85.

69 Vgl. Hoffmann/von Siebenthal, Griechische Grammatik, § 200; Blass/Debrunner/Rehkopf, Grammatik, § 340–341.

nach der Ehescheidung oder den Zustand der Unverheirateten beschreiben. Zum Teil wird davon ausgegangen, dass Paulus sich an dieser Stelle auf Geschiedene bezieht.[70] In diesem Fall würde Paulus mit V. 28 zum Ausdruck bringen, dass Geschiedene nicht sündigen, wenn sie (wieder) heiraten.

Man beachtet dabei jedoch nicht, dass das griechische Perfekt lediglich einen Zustand beschreibt. Außerdem wird in unserem ganzen Abschnitt nicht die Frage nach der Wiederheirat Geschiedener angesprochen, sondern die Frage, ob Unverheiratete heiraten sollen oder nicht. Das wird auch dadurch bestätigt, dass parallel zum „freien" bzw. „gelösten" Mann die „Jungfrau", also die unverheiratete Frau angesprochen wird. Damit zeigt der Kontext klar, dass mit der Perfektform, die mit „frei/gelöst" übersetzt wird, ein Mann angesprochen wird, der noch unverheiratet und deshalb noch nicht durch den Ehebund „gebunden" ist.[71] Es ist vom Kontext her offensichtlich, dass sich Paulus in diesem Abschnitt nicht auf Geschiedene, sondern auf Unverheiratete (d. h. auf solche, die noch nie verheiratet waren) bezieht.[72]

---

70 So z. B. Adams, Marmor, S. 114; Schwengeler, Zur Sache, S. 28.

71 Vgl. auch Haubeck/von Siebenthal, Sprachlicher Schlüssel 2, S. 71.

72 Dass er dabei in V. 27b die Perfektform wählt, geschieht offenbar parallel zur Perfektform in V. 27a.

4. SCHLUSSBEMERKUNGEN ZU EHE, SCHEIDUNG UND WIEDERHEIRAT

4.1 Die Ehe als Bild für Gottes Bund mit seinem Volk

Nach der Bibel ist die eheliche Beziehung ein Abbild der Beziehung Gottes zu seinem Volk, und deshalb soll der Ehebund den Bund Gottes mit seinem Volk widerspiegeln (vgl. z. B. Jer 3,1ff.; 2. Kor 11,2; Eph 5,25-32). So lesen wir z. B. in Hos 2,18-22 (Luther: 2,16-20):

> „Dann – spricht Jahwe – wirst du mich ‚mein Mann' nennen, und nicht mehr ‚mein Baal' [d. h. ‚mein Besitzer']. Denn ich will die Namen der Baale von ihrem Munde wegtun, dass man ihrer Namen nicht mehr gedenken soll. Und ich will zur selben Zeit für sie einen Bund schließen mit den Tieren auf dem Felde, mit den Vögeln unter dem Himmel und mit dem Gewürm des Erdbodens und will Bogen, Schwert und Rüstung im Lande zerbrechen und will sie sicher wohnen lassen. Ich will mich mit dir verloben für alle Ewigkeit, ich will mich mit dir verloben in Gerechtigkeit und Recht, in Gnade und Barmherzigkeit. Ja, in Treue will ich mich mit dir verloben, und du wirst Jahwe erkennen."

Und nach Jes 54,4-7 spricht Gott:

> „Fürchte dich nicht, denn du sollst nicht zuschanden werden; schäme dich nicht, denn du sollst nicht zum Spott werden, sondern du wirst die Schande deiner Jugend vergessen und der Schmach deiner Witwenschaft nicht mehr gedenken. Denn der dich gemacht hat, ist dein Mann – Jahwe der Heerscharen ist sein Name –, und dein Erlöser ist der Heilige Israels, der aller Welt Gott genannt wird. Denn Jahwe hat dich zu sich gerufen wie eine verlassene und von Herzen betrübte Frau; und die Frau der Jugendzeit, wie könnte sie verstoßen bleiben, spricht dein Gott. Ich habe dich einen kleinen Augenblick verlassen, aber mit großer Barmherzigkeit will ich dich sammeln."

Auch wenn Israel dem Bund Gottes immer wieder untreu gewesen ist, so ist das für Gott keine Begründung dafür, ebenfalls untreu zu sein (vgl. z. B. Jer 3,1ff.; auch u. a. Röm 3,3; 2. Tim 2,13). Gott hat mit ihnen einen „ewigen Bund" gemacht (Jes 24,5), und er wird nochmals einen „ewigen Bund" mit ihnen schließen (Jes 55,3), der nicht hinfallen soll (Jes 54,10). Und auch wenn Israel den „Bund Jahwes" verlassen und andere Götter angebetet und ihnen gedient hat (Jer 22,9), so wird Gott doch „das Geschlecht Jakobs und Davids" nicht verwerfen, wie er auch seinen Bund mit Tag und Nacht nicht bricht (Jer 33,24-26; vgl. Jer 33,20-21). Gott geht keineswegs oberflächlich und gleichgültig mit der Untreue seines Volkes um, aber er ist bereit, immer wieder zu vergeben, wenn sein Volk aufrichtig umkehrt und sich von der Untreue abwendet. Er steht zu seinem Bund.

Da der eheliche Bund zwischen Mann und Frau ein Abbild des Bundes Gottes mit seinem Volk darstellt, hat die eheliche Treue bzw. die Treue dem Ehebund gegenüber in der Bibel einen sehr hohen Stellenwert. „Was Gott zusammengefügt hat, soll der Mensch nicht scheiden!" Das ist ein wichtiger Grundsatz der Bibel in Bezug auf die Ehe (vgl. Mt 19,6; 10,9; 1. Kor 10,9). Das schließt eine hohe Verantwortung vonseiten der Menschen im Umgang mit der ehelichen Treue mit ein. Gleichzeitig schließt das aber auch mit ein, dass Gott selbst sich für die Ehe einsetzt, weil sie auf ihn hinweisen soll, und dass er dementsprechend auch die Ehe bewahren möchte.

4.2 Können Ehebrecher in den Himmel kommen?

In 1. Kor 6,9f. schreibt Paulus, dass u. a. die Ehebrecher und Unzüchtigen (Hurer) das „Reich Gottes" nicht ererben werden (vgl. Hebr 13,4). Ehebruch und Hurerei kommen – wie die anderen „bösen Gedanken" – aus dem Herzen (Mt 15,19; Mk 7,22). Wer in Ehebruch lebt, zeigt damit, wie sein Herz (als Sitz der Gedanken, des Willens, der Gefühle und der Motivation zum Handeln) ist. Ehebruch und Hurerei bezeichnen dementsprechend schlussendlich als Herzenseinstellung einen

Zustand, der nur durch die innere Erneuerung verändert werden kann (vgl. auch Röm 12,1f.). Jesus betont zudem sehr deutlich, dass Ehebruch zuerst im Herzen geschieht (Mt 5,28), und das kann ein ständiger Zustand sein. Andererseits sagt Jesus: „Glückselig sind, die reinen Herzens sind, denn sie werden Gott schauen" (Mt 5,8).

Damit stellt sich die Frage, ob Ehebrecher gerettet werden können. Natürlich können auch sie durch Jesus Christus Vergebung empfangen, und so werden auch sie das „Reich Gottes" ererben. Deshalb ergänzt Paulus in 1. Kor 6,11: „Und solche [nämlich Ehebrecher usw.] sind einige von euch gewesen. Aber ihr seid abgewaschen, ihr seid geheiligt, ihr seid gerecht geworden durch den Namen des Herrn Jesus Christus und durch den Geist unseres Gottes." Damit haben sie ein „reines Herz" (vgl. Mt 5,8) erhalten. Wer ein reines Herz hat, der wird sich fortan mit seinem ganzen Leben unter der Leitung des Heiligen Geistes dem Willen Gottes unterordnen. Das gilt natürlich auch für Christen, die gesündigt haben. Voraussetzung ist allerdings, dass sie die Sünden einsehen, bekennen und sich davon bewusst abwenden (vgl. z. B. Joh 8,11). Wie u. a. Ps 51 darlegt, bat David, „ein Mann nach dem Herzen Gottes", nach seinem Ehebruch nicht nur darum, dass Gott ihm die Schuld vergeben möge (vgl. Ps 51,4), sondern auch um ein „reines Herz" und um einen „erneuerten festen Geist" (vgl. Ps 51,12) bzw. um einen „willigen Geist" (vgl. Ps 51,14).

Somit sehen wir, dass es sich bei Ehebruch und Hurerei um eine Herzenseinstellung handelt, die vor Gott bekannt werden muss, um vergeben zu werden. Gott schenkt jedoch wie einst dem König David nach dem Ehebruch mit Bathseba (vgl. 2. Sam 11,2ff.) nicht nur Vergebung (vgl. Ps 51,1ff.), sondern damit verbunden auch ein reines Herz und einen neuen, beständigen Geist (vgl. Ps 51,12). Jesus, der die Ehebrecherin nicht verurteilte, forderte sie auf, hinfort nicht mehr zu sündigen (Joh 8,11).

4.3 Wie sollen wir nun damit umgehen?

Die Ehe beginnt nach der Bibel mit dem Ehebund, der bei der Hochzeit und der öffentlichen „Heimführung" der Braut durch den Bräutigam gestiftet wird. Dieser Bund endet mit dem Tod eines der Partner. Ehebruch ist dementsprechend Untreue dem Ehebund gegenüber bzw. ein Bruch mit diesem Bund. Das kann in Gedanken geschehen, wie Jesus in Mt 5,28 betont (vgl. auch Ex 20,17). Und das kann dadurch geschehen, dass jemand sich von seiner Frau scheidet, obwohl Jesus in solchen Fällen eine „Ausnahmeklausel" einfügt (vgl. Mt 5,32; 19,9). Ehebruch geschieht nach den Aussagen Jesu zudem immer dann, wenn jemand als Geschiedener eine andere Frau heiratet, während seine erste Frau noch lebt, oder wenn jemand eine Geschiedene heiratet (vgl. Mt 5,32; Mk 10,11; Lk 16,18). Gemäß Mk 10,12 gilt das auch für die scheidungswillige Frau, wenn sie wieder heiratet, was auch von Paulus in Röm 7,2f. betont wird (vgl. 1. Kor 7,39f.).

Die Frage ist nun, ob Ehebruch in diesem Sinn immer Sünde ist. Wenn wir im Sinn der Bibel

Sünde als „Zielverfehlung“, d. h. als Verfehlung des göttlichen Ziels mit den Menschen, bezeichnen, dann auf jeden Fall. Sicher gibt es in der Realität des Lebens auch in der christlichen Welt sehr unterschiedliche komplexe Fälle, und oft müssen Entscheidungen getroffen werden, die nicht einfach sind und wohl auch nicht einfach als „falsch“ oder „richtig“ eingeordnet werden können. Dabei sollen wir barmherzig miteinander umgehen (vgl. Lk 6,36). Gleichzeitig wird sich jede betroffene Person selbst vor Gott prüfen müssen, was die Motive ihres Handelns sind.

Diese Ausführungen wollen eine biblisch-exegetische Hilfe für die Praxis sein. In Bezug auf die Fragen, die sich zusätzlich aus praktisch-theologischer Hinsicht stellen, sei auf das Buch „Seelsorge auf biblischer Grundlage“ von Armin Mauerhofer verwiesen.[73] Dabei ist zu beachten, dass Gott das Heil der Menschen möchte, nicht ihr Unheil (vgl. z. B. Jer 29,11; 1. Kor 7,15). Dieses Heil findet der Mensch im Willen Gottes (vgl. Kol 1,28), wobei er auf Gottes Vergebung und Hilfe angewiesen ist.

In Bezug auf die Frage, inwiefern das die Akzeptanz einer Wiederheirat (z. B. im Sinn einer zivilen Trauung) unter gewissen Umständen mit einschließt, kann man nun natürlich lange streiten. Grundlegend ist m. E., dass die betroffenen Personen bereit sind, den Willen Gottes von ganzem Herzen zu suchen. Eine Wiederheirat wird auf jeden Fall mit Schuld verbunden sein, womit nicht

73 Vgl. dazu u. a. Mauerhofer, Seelsorge, S. 195ff.

gesagt ist, dass diese Schuld nicht vergeben werden kann und dass die Wiederverheirateten nun ständig in Sünde leben müssen. Vergebung der Sünden setzt gemäß 1. Joh 1,9 jedoch das Bekenntnis der Sünden voraus.

Von einer kirchlichen „Trauung" ist aus meiner Sicht auf jeden Fall abzuraten, weil man dadurch Scheidung und Wiederheirat grundsätzlich gutheißen würde, was die Bibel nicht tut. Der Segen Gottes für die Ehe ist aber auch nicht von einer solchen „Trauung" abhängig, sondern davon, ob man – durch den Glauben an Jesus Christus – im Willen Gottes lebt. Um die Antwort auf die Frage, was das im Einzelnen heißt, sollte in Verantwortung Gott und seinem Wort gegenüber gerungen werden. Denn nur im vollen Vertrauen auf ihn können wir unsere Probleme im Alltag wirklich konstruktiv bewältigen. Und dieses Vertrauen wächst durch eine innere Beziehung zu Gott durch Jesus Christus in der Bereitschaft, sich ihm in allem unterzuordnen.

5. DIE SCHÖPFUNG VON MANN UND FRAU UND DIE FRAGE NACH DER HOMOSEXUALITÄT

5.1 Einführung

Die Ehe ist für Paulus „als solche zunächst der Schöpfung zugeordnet“, wie Schrage richtig betont.[74] Die Beurteilung der Homosexualität in Röm 1,26f. hängt eng damit zusammen, wie der Kontext zeigt. Paulus beginnt den Abschnitt u. a. damit, dass die Menschen Gott als Schöpfer nicht anerkannt und nicht geehrt haben (vgl. Röm 1,20-23). Darum hat Gott diese Menschen „dahingegeben in den Begierden ihrer Herzen in Unreinheit, ihre Leiber untereinander (bzw. an sich) zu schänden, indem sie die Wahrheit Gottes in Lüge verwandelten“ (Röm 1,24-25a). Und in Röm 1,26 ist bereits das zweite Mal davon die Rede, dass Gott Menschen „dahingegeben hat“, was in Röm 1,28 nochmals betont werden wird. Paulus wiederholt in Röm 1,26 jedoch nicht einfach, sondern sieht den Grund der nun folgenden „Dahingabe“ offensichtlich in der Aussage von Röm 1,25, wie die Begründung mit „deshalb“ zeigt.[75] Damit sagt Paulus,

74 Schrage, Korinther 2, S. 73.

75 Vgl. auch Gagnon, Biblische Perspektiven, S. 166f. „Untersucht man beide Texte [d. h. Gen 1,26f. und Röm 1,23ff.], dann finden sich hier nicht nur acht Punkte, in denen beide Texte einander entsprechen, sondern sogar drei Übereinstimmungen in der Gedankenfolge: (1) Gottes *Ebenbild* und *Gleichnis* im Menschen; (2) die Herrschaft über das Tierreich

dass die „Dahingabe" zum „widernatürlichen" Geschlechtsverkehr, von dem in Röm 1,26f. augenscheinlich die Rede ist, eine Folge davon ist, dass der Mensch Gott nicht als Schöpfer verehrt hat, sondern dem Götzendienst verfallen ist.

Was bedeutet das in Bezug auf die Frage der biblischen Beurteilung der Homosexualität? Im Folgenden soll nicht auf die Thematik der Homosexualität im biblischen Kontext als solche eingegangen werden, sondern auf die Frage, welche Erkenntnis aus Röm 1,26-27 gewonnen werden kann. Das Ergebnis soll am Schluss kurz zusammengefasst werden.

5.2. „Gott hat sie dahingegeben zu Leidenschaften der Unehre …"

Das griechische Wort *pathos* bedeutet „Leiden (-schaft)" (vgl. Kol 3,5; 1. Thess 4,5; vgl. auch *pathēma* u. a. in Röm 7,5; 8,18; 2. Kor 1,5; Gal 5,24). Nach Pape bezeichnet der Begriff neben den körperlichen „Leiden" auch die „Leidenschaft" im Sinn von „Affekt, bei dem sich die Seele in einem unfreien, leidenden Zustande befindet".[76] Offenbar

(*Vögel; Vieh; Reptilien*); (3) die Ausdifferenzierung von *männlich* und *weiblich*. Die Pointe dieser Anspielungen besteht darin, zu zeigen, dass Götzendienst und homosexueller Verkehr einen Frontalangriff auf das Werk des Schöpfers in der Natur darstellen (vgl. auch die Erwähnung von ‚Schöpfer' und ‚Schöpfung' in Röm 1,25)" (ebd., S. 166–167).

76 Pape, Handwörterbuch II, S. 437. Vgl. dazu u. a. Aristoteles, Eth. 2,4; Platon, Phaedr. 251.

wurde besonders die „Liebe" als „Leidenschaft" bezeichnet.[77]

Wenn Paulus nun von den „Leidenschaften der Unehre" spricht, so beschreibt der Genitiv „der Unehre" offensichtlich die „Qualität" der Leidenschaften. Hintergrund ist sicher, dass Ehre und Ruhm nicht nur in der damaligen Gesellschaft überhaupt eine zentrale Rolle spielten, sondern besonders auch im Sportkampf wichtig waren. Für den, der den Siegesruhm genießt, bedeutet dieser Ruhm „Leben". „Unehre" ist somit mit dem „Lebensuntergang" gleichzusetzen. Dementsprechend könnte man in Bezug auf Röm 1,26 auch von „lebensvernichtenden Leidenschaften" sprechen. Dabei beziehen sich diese „Leidenschaften" offensichtlich auf den „widernatürlichen Gebrauch/Verkehr", wodurch der „natürliche Gebrauch/Verkehr" zwischen Mann und Frau, wie es nach der Überzeugung des Paulus der „Schöpfungsordnung" Gottes entspricht, verlassen und gegen diese „Schöpfungsordnung" der gleichgeschlechtliche Verkehr praktiziert wurde.

In Bezug auf die Homosexualität wird in 1. Kor 6,9 und 1. Tim 1,10 die „männliche" Seite als „Homosexueller" (*arsenokoitēs*) und in 1. Kor 6,9 zudem die „weibliche" Seite als „Lustknabe/

77 Vgl. Pape, Handwörterbuch II, S. 437; vgl. auch u. a. Montanari, Brill Dictionary, S. 1517.

Weichling"[78] bezeichnet. Der Begriff *arsenokoitēs*[79] ist abgeleitet aus den Wörtern *arsēn* („männlich") und *koitē* („Bett, Ehebett, Beischlaf"; vgl. z. B. Röm 9,10; 13,13; Hebr 13,4) und kann somit etwa mit „der mit Knaben/Männern das Ehebett teilt" übersetzt werden. Der Begriff ist vor der Kaiserzeit nicht bezeugt und möglicherweise von Paulus in Anlehnung an die griechische Übersetzung von Lev 20,13 („Und wenn ein Mann bei einem Mann liegt, wie man bei einer Frau liegt …; LXX: *kai hos an koimēthē meta arsenos koitēn gynaikos* …; vgl. auch Lev 18,22[80]) geschaffen. Während in 1. Kor 6,9 die Gläubigen in Korinth gewarnt werden, indem Paulus betont, dass u. a. „Lustknaben/Weichlinge" und „Knabenschänder" nicht Gottes Reich ererben werden[81], wird in 1. Tim 1,10 hervorgehoben, dass u. a. den „Knabenschändern" und „wenn etwas anderes der gesunden Lehre entgegensteht" das Gesetz bestimmt ist, nicht aber „einem Gerechten" (vgl. 1. Tim 1,9). In Röm 1,26f. geht es jedoch nicht

---

78 Der Begriff *malakos* („Weichling") erscheint in den Schriften des Josephus insgesamt 15-mal (Ant 8,72.220; 10,194; 17,168; 18,12.62; 19,197; Bell 1,509; 4,281; 6,12.21.211; 7,288.311.338), und Philo verwendet ihn insgesamt 31-mal (z. B. in Opif 41.104; Leg. 2,7.39; 3,58; Sac 23; Migr 50; Somn 1,17.123.125).

79 Zum Verb *arsenokoiteō* vgl. z. B. Sibyl. 2,73: „Schlafe nicht bei einem Mann …" (*mē arsenokoiteis* …).

80 „Und bei einem Mann sollst du nicht liegen, wie man bei einer Frau liegt …" (LXX: *kai meta arsenos ou koimēthēsē koitēn gynaikos* …).

81 Vgl. auch Polykarp, Phil 5,3: „Weder Hurer noch Weichlinge noch Knabenschänder werden das Reich Gottes ererben."

um eine Warnung von Gläubigen, sondern darum zu zeigen, wie die „Heiden“ in ihrer „Gottlosigkeit“ vom Willen Gottes abgewichen sind.

In Röm 1,26-27 verwendet Paulus offenbar bewusst die Begriffe *thēlus* („weiblich“) und *arsēn* („männlich“), die im Neuen Testament nur noch in Mt 19,4 sowie der Parallelstelle Mk 10,6 und bei Paulus in Gal 3,28 vorkommen. Dabei zitiert Jesus nach Mt 19,4 und Mk 10,6 aus Gen 1,27, wonach Gott „sie als männlich und weiblich“ schuf, wie es wörtlich heißt. Auch Paulus lehnt sich in Röm 1,26f. damit offensichtlich bewusst an die Begrifflichkeit von Gen 1,27 an, um damit anzudeuten, welches nach seinem Verständnis der „natürliche Gebrauch/Verkehr“ ist, nämlich derjenige zwischen Mann und Frau, weil er der „Schöpfungsordnung“ Gottes entspricht.[82] Interessant ist aber zudem, dass die gleichen Begriffe auch in außerbiblischen Texten in Bezug auf die Homosexualität verwendet werden. Auf diese Texte soll im Folgenden auswahlweise kurz eingegangen werden, bevor wir zu Paulus zurückkehren.

82 Auch Gal 3,28 scheint sich in der Begrifflichkeit an Gen 1,27 anzulehnen. Paulus will damit nicht zum Ausdruck bringen, dass es nicht Männer und Frauen (mit ihren Unterschieden) gibt, sondern dass das männliche und das weibliche Wesen vor Gott gleichen Wert haben, da beide im Ebenbild Gottes geschaffen wurden.

5.3 Einige außerbiblische antike Stimmen zur Homosexualität

Nach Plato verkehrt das männliche Geschlecht nicht mit dem männlichen Geschlecht, „weil dies nicht von Natur aus ist".[83] Nach ihm ist die Lust bei der Zeugung (von Kindern) „der weiblichen (*thēleia*) und der männlichen Natur (*tē tōn arrenōn physei*) … gemäß [der] Natur" zugeteilt, während der Verkehr der Männer/Männlichen mit Männern/Männlichen (*arrenōn de pros arrenas*) „an [der] Natur vorbei" bzw. „gegen [die] Natur" (*para physin*) sei.[84] Im „Symposion"[85] geht Plato auf den Mythos vom Kugelmenschen ein, der männlich-weiblichen Einheit, die aufgrund ihrer Hybris von den Göttern getrennt wurde. Plato betont in diesem Zusammenhang, dass die Männer und Frauen, die Teil jenes Ganzen, „das damals Mannweib genannt wurde", seien, jeweils Liebhaber des anderen Geschlecht würden, weil er bzw. sie die (ursprüngliche) Ganzheit suche.[86]

> „Alle Frauen aber, die aus den Schnitten der Frau (Teilstück der Frau) sind, richten ihre Sinnen keineswegs auf die Männer, sondern sind mehr den Frauen zugewandt … Die aber

83 Plato, Leg 836c.

84 Plato, Leg 636b.c; vgl. auch Plato, Nomoi 636c, wo Gleiches zum Ausdruck kommt.

85 Vgl. Plato, Symp 191e–192b (vgl. dazu u. a. Rojas Parma, De amore, S. 159–186).

86 Plato, Symp 191e.

aus den Schnitten des Männlichen (*arrenos*) sind, die suchen das männliche Wesen (*ta arrena*) auf. Solange sie Knaben sind, lieben (*philousin*) sie – als Teilstück des Mannes – die Männlichen und freuen sich, wenn sie bei Männern liegen und sie umarmen können.“ [87]

Solche Männer seien die besten unter den Knaben und Jünglingen, weil sie „die Männlichsten (*andreiotatoi*) von Natur“ seien.[88] Einige nannten das zwar „schamlos“, doch sie lügen dabei, meint Plato, da sie nicht aus Schamlosigkeit, sondern mit Kühnheit und Mannhaftigkeit (*andreia*) das Ähnliche liebten.[89]

„Dafür zeugt ein großer Beweis, denn wenn sie völlig erwachsen sind, wenden sich einzig Männer dieser Art den Staatsgeschäften zu. Und wenn sie Männer geworden sind, so sind sie Knabenliebhaber (*paiderastousi*), und der Ehe und Kinderzeugung neigen sie von Natur aus ihren Verstand/ihre Vernunft nicht zu, sondern werden durch das Gesetz [dazu] genötigt. Sie geben sich damit zufrieden, das ganze Leben unverheiratet zu bleiben. So wird denn ein solcher ganz und gar ein Knabenliebhaber und ein Freund seines Liebhabers und hat allezeit das gern, was ihm verwandt ist.“[90]

87 Plato, Symp 191e.
88 Plato, Symp 192a.
89 Plato, Symp 192a.
90 Plato, Symp 192b.

Es geht Plato offenbar darum darzulegen, dass aus der Leidenschaft Einsicht entsteht, indem Sokrates den Alkibiades in eine Form der Erotik einführt, die nicht mehr zur Ausschweifung führt.[91] Und da „wir wegen der Ungerechtigkeit von Gott verfolgt werden", sollen „wir" einander anleiten, die Götter richtig zu verehren, „damit wir dem Unglück fliehen und das Glück erreichen können, indem der Eros uns Führer und Befehlshaber (*stratēgos*) ist".[92]

Da in den griechischen Gymnasien die männliche Jugend (vor allem der freien Bürger) nackt trainierte (*gymnos* = nackt), während Frauen nicht zugelassen waren, war Homosexualität vor allem auch dort ein Problem. Deshalb durften die *Paides*, d. h. die „Knaben" im Alter von 12 bis 18 Jahren, nur zu festgelegten Zeiten trainieren, „schon allein um sie vor homoerotischen Übergriffen zu schützen".[93] Aus diesem Grund äußern sich antike Autoren gelegentlich auch kritisch zum Thema. Tacitus (ca. 58–120 n. Chr.) äußert sich deshalb kritisch in Bezug auf die „fünfjährigen Kampfspiele", die in Rom „nach Art der griechischen Spiele eingeführt" worden waren, wobei die „heimischen Sitten" immer mehr abstürben und „durch diese vom Ausland eingeführten Lüste von Grund aus vernichtet" würden.[94] Man habe sie nur eingeführt, „damit man in Rom alles zu sehen bekomme, was

91 Vgl. dazu auch Krüger, Einsicht und Leidenschaft, 1992.
92 Plato, Symp 193a-b.
93 Dreyer, Neoi, S. 220.
94 Tacitus, Annales 14,20.

überhaupt verführt werden oder verführen kann, damit die Jugend durch dieses ausländische Treiben entarte, indem sie in die Gymnasien laufe und sich dem Müßiggang und schändlichen Liebestaten hingebe …".[95]

Gemäß Plutarch (ca. 45–125 n. Chr.) waren die Römer dem Einreiben mit Öl gegenüber kritisch, da sie glaubten, dass bei den Griechen „nichts so sehr Ursache von Versklavung und Verweichlichung (*malakias*) sei, wie die Gymnasien und die Palästren[96], welche den Städten viel leeres Umhertreiben und Müßiggang sowie schlimme Trägheit und Knabenliebe (*to paiderastein*) wie auch die Zerstörung der Leiber der Jugendlichen (*tōn neōn*)[97] erzeugt hat", wobei sie den Waffendienst vernachlässigten und dazu untauglich würden.

Cicero (ca. 106–43 v. Chr.) fragt, warum denn kein Mensch „weder einen hässlichen Jüngling (*deformen adulescentem*) noch einen schönen Greis (*formosum senem*)" liebe, indem er auf die „Meister der Tugend, die Philosophen", Bezug nimmt, die leugnen, dass die Liebe zum Geschlechtsverkehr da

95 Tacitus, Annales 14,20.

96 In der Palästra wurde vor allem der Ringkampf (*palē*) und der Faustkampf trainiert.

97 Der Begriff *neos* bezeichnete im Kontext des griechischen Gymnasions den jungen Mann nach der Ephebenzeit (18–20-jährig) – der Zeit der Ausbildung für den Kampf – bis etwa 30-jährig und somit das Alter etwa zwischen 20 und 30 Jahren. Dieser „Jugendliche" (*neos*) sollte somit bereits kampffähig sein.

sei (*qui amorem negant stupri esse*)".[98] Die Antwort lautet: „Mir scheint das eine in den Gymnasien der Griechen entstandene Gewohnheit zu sein, bei denen diese Liebschaften (*amores*) frei und erlaubt sind."[99] Cicero erwähnt dabei auch die „Liebe/Liebschaften zu den Frauen" (*muliebris amores*), „welchen die Natur größere Freiheit/Zügellosigkeit (*maiorem licentiam*) zugestanden hat".[100] Die Liebschaften (*amores*) der Männer zu den Jünglingen sind hingegen „sinnlich" (*lubidinosos*), und selbst wenn sie sich im Zaum halten und beherrschen, sind sie „erregt und beklommen".[101]

Die Stoiker definieren die Liebe gemäß Cicero als Versuch, „aus dem Geschlecht der Schönheit" eine Freundschaft zu schließen.[102] „Wenn es davon in der Natur eine ohne Erregung (innere Unruhe), ohne Sehnsucht, ohne Kummer, ohne Seufzen gibt, mag sie gelten; denn sie ist frei von jeder Begierde (*libido*). Hier ist aber von der Begierde die Rede."

Nach dem jüdischen Geschichtsschreiber Josephus aus dem 1. Jahrhundert n. Chr. kennt das (alttestamentliche) Gesetz in Bezug auf die Ehe nur den Verkehr, der „gemäß der Natur" (*kata physin*) ist, und zwar, damit Kinder geboren werden, und es verurteilt den Beischlaf von „Männlichen mit Männlichen".[103] Und gemäß Philo von Alexandria,

98 Cicero, Tasculanae Disputationes 70.
99 Cicero, Tasculanae Disputationes 70.
100 Cicero, Tasculanae Disputationes 70.
101 Cicero, Tasculanae Disputationes 70f.
102 Cicero, Tasculanae Disputationes 72.
103 Josephus, Ap 2,199.

einem Zeitgenossen Jesu und des frühen Paulus, werfen Menschen das „Naturgesetz“ u. a. dadurch von sich, dass Männer „mit Männlichen“ verkehrten und somit die „Natur“ nicht respektierten, und die Männer, die sich daran gewöhnt hätten, Weibliches zu ertragen, seien nicht nur am Körper verweichlicht worden und hätten Frauenkrankheiten, sondern auch in der Seele sei es zu einer niedrigen Gesinnung gekommen.[104] Philo betont in diesem Zusammenhang, dass Gott, weil er menschenfreundlich und ein Retter sei, „die Gemeinschaft zwischen Männern und Frauen der Natur gemäß“, welche der Zeugung von Kindern diene, fördere.[105] „Der Natur gemäß“ bedeutet bei Philo offenbar „der Schöpfung gemäß“, wie z. B. der Hinweis auf das „Naturgesetz“ zeigt.[106]

---

104 Philo, Abr 135f.; vgl. auch ders., Spec 3,37–42. Philo verwendet in Spec 3,37 wie auch in Spec 2,50 und Hypoth 7,1 das Verb *paiderasteō*, das im Sinn von „Knaben lieben“ gebraucht wird, während er das entsprechende Nomen *paiderastēs* („Knabenliebhaber“) fünfmal verwendet (Decal 168; Spec 3,39; 4,89; Contempl 52.61).

105 Philo, Abr 137.

106 Gemäß Weber ist die „Natur“ bei Philo „Grund und Prinzip des Kosmos, auf ihr ruht die Weltordnung, von ihr her ist alles Leben, sie ist der Wesensgrund alles Seienden“ (Weber, Gesetz II, S. 81). In 4. Makk 5,25 wird betont, dass „wir wissen“, dass der Schöpfer des Kosmos als Gesetzgeber gemäß der Natur mit „uns“ Mitgefühl zeigt, wobei es um die Essensvorschriften geht. Auch an dieser Stelle bedeutet „der Natur gemäß“ offenbar soviel wie „der Schöpfung gemäß“.

Während die „Knabenliebe“ in der hellenistischen Welt vielfach als selbstverständlich hingenommen wurde[107] und es nur wenige kritische Stimmen dazu gab, wird diese Form der Geschlechtlichkeit im Judentum allgemein verurteilt[108].

5.4 Der „natürliche“ bzw. „widernatürliche Verkehr“ in Röm 1,26-27

Paulus schreibt in Röm 1,26: „Denn ihre Weiblichen haben den natürlichen Gebrauch/Verkehr abgeändert in den [Gebrauch/Verkehr] an [der] Natur vorbei/gegen [die] Natur.“ Mit dem Ausdruck „den natürlichen Gebrauch/Verkehr“ ist an dieser Stelle offensichtlich der Geschlechtsverkehr zwischen Mann und Frau in der Ehe gemeint, was für Paulus der Schöpfungsordnung Gottes entspricht. Der „unnatürliche Verkehr“ bezieht sich in Vers 26 offenbar auf den Lesbismus[109], wobei Frauen mit Frauen Verkehr haben, auch wenn das nicht direkt gesagt wird, was aber durch den Vergleich „denn ihre … In gleicher Weise aber auch die …“

---

107 Vgl. dazu auch u. a. Patzer, Knabenliebe, 1982; Dover, Greek Homosexuality, 1989; Verstraete/Provencal, Same-Sex Desire, 2006 (verschiedene Beiträge).

108 Vgl. Weish 14,12ff.; Arist 152; Philo, Abr 135; ders., Spec 3,39; slam Hen 10,4-6; Sibyl 3,185ff.; vgl. dazu auch Strack/Billerbeck, Kommentar III, S. 68ff.

109 Anders z. B. Theobald, Röm 1,26f., S. 512: „Von lesbischer Liebe ist nirgends, weder im Alten noch im Neuen Testament die Rede (wohl auch nicht in Röm 1,26), was gewiss mit der androzentrischen Perspektive der Texte zu tun hat.“

in Röm 1,26-27 (vgl. dazu auch Röm 1,16) deutlich wird.[110] Somit bezieht der Apostel sich nicht auf den Verkehr mit Tieren (vgl. dazu Lev 18,23).

Der Begriff *chrēsis* („Gebrauch, Benutzung; Umgang") erscheint im Neuen Testament nur in Röm 1,26 und 27.[111] Dabei wird er offenbar – wie auch zum Teil außerbiblisch[112] – im Sinn von „Beischlaf" gebraucht.[113] Paulus spricht also vom Geschlechtsverkehr, der „natürlich" ist, und von dem, der „an [der] Natur vorbei" bzw. „gegen [die] Natur" geschieht. Dabei wird die „Natur" in diesem Zusammenhang in neuerer Zeit zum Teil in Bezug auf den Geschlechtsverkehr zur Zeugung von Kindern bezogen und anti-hedonistisch (gegen das Lustprinzip) gedeutet.[114] Die Frage ist, inwiefern das bei Paulus ein Thema ist bzw. ob Paulus sich darauf beschränkt und nur diese Art von „unnatürlichem Gebrauch" kritisiert.

In den Paulusbriefen erscheint der Begriff *physis* („Natur") insgesamt neunmal (Röm 1,26; 2,14.27; 11,21; 1. Kor 11,14; Gal 2,15; 4,8; Eph 2,3).[115] Er

---

110 Vgl. auch Starnitzke, Struktur, S. 80f.

111 Vgl. in der LXX 1. Sam 1,28; Weish 15,7.15; Sir 18,7.

112 Vgl. dazu Pape, Handwörterbuch II, S. 1375; Montanari, Brill Dictionary, S. 2377.

113 Das Nomen bezieht sich in außerbiblischen Texten zum Teil auch auf die familiären/häuslichen/gegenseitigen Beziehungen (vgl. Montanari, Brill Dictionary, S. 2377).

114 Vgl. dazu Ward, Why Unnatural?, S. 1–11.

115 In der LXX erscheint der Begriff nur in den „deuterokanonischen Schriften" 3. und 4. Makkabäer sowie in der „Weisheit Salomos" (3. Makk 3,29; 4. Makk 1,20; 5,8.9.25; 13,27; 15,13.25; 16,3; Weish 7,20; 13,1; 19,20).

wird dabei in unterschiedlichen Zusammenhängen verwendet. Zusammenfassend kann man jedoch feststellen, dass der Begriff z. B. den Zustand ohne göttliche Offenbarung des Gesetzes oder den Zustand des Menschen ohne die Erlösung in Jesus Christus anspricht. In Röm 1,26f. ist mit dem „natürlichen Gebrauch" offensichtlich der Verkehr gemeint, der mit der „Schöpfungsordnung" Gottes im Einklang steht. Diese Tatsache wird auch dadurch bestätigt, dass Paulus in diesem Zusammenhang von den „Weiblichen" und „Männlichen" spricht, dass Gott gemäß Gen 1,27b am Anfang das männliche und das weibliche Geschlecht schuf, wie es in Gen 1,27b wörtlich heißt: „Als männlich und als weiblich schuf er sie" (vgl. dazu auch Mt 19,4; Mk 10,6). Nach Gal 3,38 gibt es in Christus Jesus zwar nicht mehr „Männliches und Weibliches", was jedoch nicht bedeutet, dass für Paulus die Ehe zwischen dem männlichen und dem weiblichen Geschlecht aufgehoben sei. Vielmehr ist es für Paulus diese Form der geschlechtlichen Vereinigung, die Gott von Anfang an gewollt hat, und zwar nicht nur wegen der Erzeugung von Kindern (vgl. dazu 1. Kor 7,1ff.). Dass die „heidnischen" Frauen und Männer diese Form der geschlechtlichen Beziehung „umgewandelt" haben, bedeutet für Paulus

---

„Natur" wird dabei zum Teil wie auch im Neuen Testament im Sinn von „Wesen" gebraucht (vgl. z. B. Weish 7,20; vgl. auch z. B. Jak 3,7; 2. Petr 1,4). In 4. Makk 5,25 erscheint der Ausdruck „gemäß [der] Natur", und zwar in Bezug auf Gott, von dem „wir wissen, dass er [mit] uns gemäß [der] Natur Mitleid hat (bzw. mitleidet)".

offenbar, dass sie den Schöpfer des Kosmos und des Menschen verwerfen.

Paulus schreibt in Röm 1,27 weiter: „In gleicher Weise sind auch die Männlichen, indem/nachdem sie den natürlichen Gebrauch/Verkehr des Weiblichen verlassen haben, in ihrer Begierde gegeneinander entbrannt …" Der Ausdruck „desgleichen/in gleicher Weise auch" zeigt, dass für Paulus die „heidnischen" Frauen und Männer von Gottes Schöpfungsplan in Bezug auf die sexuelle Vereinigung von Mann und Frau abgewichen sind. Erstaunlich ist allerdings, dass dabei die „Männlichen" nach den „Weiblichen" erwähnt werden. Grund dafür ist wohl nicht, dass Paulus die Frauen grundsätzlich als die schlimmeren Übertäter betrachtet. Vielmehr erwähnt er die „Männlichen" am Schluss, um die Aussage noch zu steigern, da durch ihr Verhalten besonders klar die Abweichung vom Willen Gottes deutlich wird, zumal dieses Phänomen in der Antike sicher viel verbreiteter war.

Das Nomen *orexis* („das Streben/Trachten; die Begierde"[116]) kommt im Neuen Testament nur an dieser Stelle vor, erscheint aber in den „alttestamentlichen Apokryphen einige Male (4. Makk 1,33.35; Weish 14,2; 15,5; 16,2.3; Sir 18,30; 23,6). So lesen wir in Sir 18,30 „Folge deinen bösen Leidenschaften nicht, sondern zügle dein Verlangen (*orexis*)", und in Sir 23,6 heißt es: „Lass mich nicht in Wollust (*orexis*) und Unkeuschheit geraten und

116 Vgl. Pape, Handwörterbuch II, S. 372; Montanari, Brill Dictionary, S. 1480.

behüte mich vor schamlosem Sinn!“ Zudem heißt es in 4. Makk 1,35: „Denn entgegengehalten werden die durch den besonnenen Verstand umgewandelten gelüstenden Triebe, und geknebelt/zum Schweigen gebracht werden alle Regungen des Leibes durch die Vernunft/Gedanken“. Während also für Paulus die Gedanken selbst verfinstert sind und deshalb keine Erlösung herbeiführen können, spielen die Gedanken an dieser Stelle eine entscheidende Rolle bei der Beherrschung der Begierde.

Paulus spricht in diesem Zusammenhang von der „Schande (*aschēmosynē*). Dieses Wort erscheint im Neuen Testament nur noch in Offb 16,15 („… damit er nicht nackt umhergehe und man nicht seine Schande sehe“). Dagegen erscheint es in der LXX insgesamt 44-mal, wobei es oft die „Blöße“ des Menschen bezeichnet (vgl. z. B. Ex 20,26; 28,42; Lev 18,6-19; 20,17-20). Nach Sir 26,11 erregt eine „betrunkene Frau“ Ärgernis und wird auch „ihre Schande“ nicht verdeckt lassen. Mit dem Begriff „Schande“ werden dementsprechend sexuelle Fehlverhalten beschrieben. Für Paulus stellt die sexuelle Beziehung zwischen Männern demnach keine ehrenhafte Tugend dar.

5.5 Der „Gegenlohn ihres Irrtums"

Vielmehr schreibt Paulus, dass diese „den gebührenden/notwendigen Gegenlohn ihres Irrtums[117] an sich selbst empfingen". Der Begriff *anti-misthia* („Gegenlohn; Vergeltung")[118] erscheint im Neuen Testament nur noch in 2. Kor 6,13, wo der Apostel die Korinther als „Gegenlohn" zu seiner „Herzensweite" auffordert, ebenfalls weit zu werden. Das Präfix *anti* wird bei dem Kompositum im Sinn von „anstelle von" gebraucht, sodass der Begriff im Sinn von „Belohnung für etwas" bzw. „Vergeltung" verwendet wird (vgl. auch z. B. Hebr 10,35). Das von Paulus angesprochene Fehlverhalten wird nach seiner Darstellung „gebührend belohnt". Vorausgesetzt wird offenbar, dass Gott den Menschen ihre Werke „vergilt".[119]

Der Ausdruck „in/an sich selbst" bringt zum Ausdruck, dass der „Lohn" der Abweichung vom Plan und Willen Gottes am eigenen Leib bzw. am eigenen Leben erfahren wird (vgl. auch 1. Kor 6,18b: „Wer aber hurt, sündigt gegen seinen eigenen Leib"). Gemeint ist offenbar, dass die „Vergeltung" von Gott kommt, da er ein „Vergelter" bzw. „Belohner" ist (vgl. Hebr 11,6; vgl. zudem u. a. Hebr 2,2; 10,35; 11,26). Dabei bezieht Paulus sich in Röm 1,27 offenbar

117 Wörtlich etwa: „… den Gegenlohn/die Vergeltung ihres Irrtums, der/die [ihnen zukommen] musste …".

118 Vgl. auch z. B. *misthos* = „Lohn, Vergeltung" (vgl. dazu u. a. Röm 4,4; 1. Kor 3,8.14; 9,17f.).

119 Vgl. dazu Thiessen, Rechtfertigung, S. 95–130.

nicht (nur) auf das eschatologische Gericht, sondern (auch) auf die Gegenwart (vgl. auch Röm 1,18).[120]

Paulus spricht im Kontext von Röm 1,26f. sogar in den Vergangenheitsformen, wie z. B. der dreimalige Ausdruck „Gott hat sie dahingegeben" (vgl. Röm 1,24.26.28) zeigt, wodurch indirekt zum Ausdruck kommt, dass Paulus sich auf den „alten Äon" bezieht, wobei er später das „Jetzt" anspricht, das durch das Erlösungswerk Jesu eine neue Ausgangslage herbeigeführt hat (vgl. Röm 3,21ff.). Paulus spricht also den „alten Menschen" (vgl. Röm 6,6) an, der durch Jesus Christus neu gemacht worden ist (vgl. Röm 6,1ff.). Das erinnert an 1. Kor 6,9-11, wonach u. a. weder „Homosexuelle" noch „Verweichlichte" das Reich Gottes ererben werden, wobei Paulus ergänzt, dass „etliche von euch das gewesen" sind; „aber ihr seid abgewaschen, aber ihr seid geheiligt, aber ihr seid gerechtfertigt worden durch den Namen des Herrn Jesus und durch den Geist unseres Gottes" (1. Kor 6,11).

---

120 Gagnon bemerkt: „In einer sexuellen Beziehung zwischen Personen desselben Geschlechts werden die Extreme des eigenen Geschlechts nicht gemäßigt und die wahren Lücken nicht gefüllt. Es ist im Kern diese Wirklichkeit, die signifikant zu einer verhältnismäßig hohen Rate an Problemen beiträgt, die mit der homosexuellen Lebensweise verbunden sind: die hohe Zahl an Sexualpartnern und eine hohe Rate auf sexuellem Wege übertragener Krankheiten insbesondere unter männlichen Homosexuellen, wie auch ein Mangel an langfristigen Beziehungen und ein häufiges Auftreten schwerer Depression und Drogenabhängigkeit insbesondere unter weiblichen Homosexuellen" (Gagnon, Biblische Perspektiven, S. 168–169).

5.6 Welche Art von Homosexualität spricht Paulus in Röm 1,26-27 an?

Nach Hinck bezieht Paulus sich in Röm 1,26f. nur auf die Situation, dass jemand den „natürlichen" sexuellen Verkehr in der Ehe verlässt, wohl aber nicht „auf eine in Liebe gegründete und auf Treue ausgelegte Partnerschaft zweier gleichgeschlechtlich veranlagter Menschen"[121], weil diese ja keinen natürlichen Verkehr „verlassen" hätten. Hinck verweist auf die Erwähnung des Paulus, dass die Menschen den Schöpfer mit den selbst gewählten Götzen ausgetauscht hätten (vgl. Röm 1,25). Nun kann man aber kaum annehmen, dass der Götzendienst für Paulus nur dann verkehrt ist, wenn man vorher den Schöpfergott verehrt hat, nicht aber, wenn man diese Verehrung des Schöpfergottes nicht verlässt, sondern vielmehr schon von Anfang an im Götzendienst gelebt hat. Ebenso ist Homosexualität für Paulus offenbar immer „widernatürlich", weil sie nicht im Einklang mit der Schöpfungsordnung Gottes steht.[122] Demnach „verlässt" auch die Person, die von Anfang an nicht in einer heterogenen Ehe, sondern in einem homosexuellen Verhältnis lebt, den natürlichen Verkehr.

Nach Starnitzke wird Homosexualität

> „innerhalb eines bestimmten historischen Kontextes in dieser Weise beurteilt, ohne dass daraus eine grundsätzliche theologische

121 Hinck, Streitfall Liebe, S. 32.
122 Vgl. auch Klautke, Gegen die Schöpfung, S. 48ff.

> Disqualifikation für alle anderen denkbaren Kontexte abgeleitet werden könnte. Paulus ist vielmehr hier seinen eigenen traditionellen Moralvorstellungen verhaftet. Vom Ansatz der paulinischen Ethik beim Liebesgebot her, wie ihn Paulus in [Röm] 13,8-10 entwickelt, wären Fragen der Homosexualität nochmals in ethischer Hinsicht völlig neu zu erörtern. Es scheint kaum möglich und nötig, dieses Verständnis von Homosexualität als Konsequenz der Sünde unter heutigen Bedingungen zu vertreten."[123]

Das würde doch im Klartext heißen, dass Paulus seinem eigenen Liebesgebot an dieser Stelle nicht gerecht würde bzw. dass er sich in Röm 13,8ff. über das hinaus entwickelt hätte, was er noch in unserem Abschnitt vertritt. Es entspricht wohl kaum dem Anliegen des Paulus, das Liebesgebot gegen die Äußerung in Röm 1,26f. auszuspielen. Zudem ist zu beachten, dass das „Hohelied der Liebe" von Paulus in 1. Kor 13 bereits vorlag, als Paulus Röm 1,18ff. schrieb, sodass wir nicht davon ausgehen können, dass Paulus erst nach Kapitel 1 im Römerbrief über das Wesen der Liebe unterrichtet worden sei.

Theobald bemerkt:

> „Gibt es wirklich irreversible gleichgeschlechtliche Veranlagungen bzw. Ausprägungen solcher Veranlagungen aufgrund bestimmter Sozialisationsfaktoren, wie Psychologie und

123 Starnitzke, Struktur, S. 82-83.

> Sozialwissenschaft nahelegen, dann können diese theologisch nur als *Modifikationen der Sexualität als Schöpfungsgabe* begriffen werden."[124]

Daraus folgert Theobald, dass „Homosexualität in diesem Sinne ... völlig außerhalb der Reichweite von Röm 1,27" liege, „insofern der Text von *willentlichem* Fehlverhalten spricht".[125] Theobald plädiert in dem Zusammenhang „für einen vernünftigen Umgang mit der Heiligen Schrift".[126]

Damit stellt sich die Frage, welches der „vernünftige Umgang" bzw. der „natürliche Gebrauch" der „Heiligen Schrift" z. B. in Röm 1,26f. ist, zumal es bei der Exegese ja darum gehen sollte, den Verfasser möglichst das sagen zu lassen, was er seinen „ersten Empfängern" gegenüber zum Ausdruck bringen möchte[127]. Auch wenn Paulus das begehrliche Verlangen in diesen Versen stark betont, so kann man m. E. nicht daraus ableiten, dass es für Paulus eine „von Gott gegebene" bzw. „schöpfungsmäßige" Homosexualität gibt.[128] Zudem stellt sich die immer wieder gemachte Behauptung, in der Antike sei Homosexualität (ausschließlich) durch Herrschaftsverhältnisse bzw. durch Unterdrückung

124 Vgl. dazu auch u. a. Theobald, Röm 1,26f., S. 517.

125 Ebd.; vgl. dazu auch Stegemann, Homosexualität, S. 66.

126 Vgl. dazu den Untertitel des Aufsatzes von Theobald (Theobald, Röm 1,26f., S. 511).

127 Vgl. dazu auch Thiessen, Hermeneutik, S. 9ff.

128 Vgl. dazu auch u. a. Cole, Biology, S. 348–361; Hays, Homosexualität, S. 30–46; ders., Relations, S. 184–215; Smith, Ancient Bisexuality, S. 223–254.

geprägt, welche in der Bibel (von Paulus) abgelehnt würde, als nicht zutreffend heraus.[129]

Man müsste bei der Begründung von Theobald wohl auch folgern, dass es für Paulus bei „Veranlagungen aufgrund bestimmter Sozialisationsfaktoren“ kein „Fehlverhalten“ geben könne. Dementsprechend wäre eine „veranlagte“ Kleptomanie oder Pädophilie ebenfalls kein „Fehlverhalten“.

Paulus will mit Röm 1,26f. im Kontext den „verkehrten“ Lebensstil der „Heiden“ aufzeigen, um ihre Erlösungsbedürftigkeit hervorzuheben, und deshalb verwendet er starke Formulierungen. Das bedeutet aber wohl nicht, dass es für Paulus eine praktizierte Homosexualität gibt, welche der „Natur“ bzw. der „Schöpfungsordnung“ Gottes entspricht und deshalb kein „Fehlverhalten“ gegen den Willen Gottes darstellt. Dafür sprechen auch 1. Kor 6,9 und 1. Tim 1,10, wo jeweils im „Lasterkatalog“ der Begriff *arsenokoitēs* erscheint, der allgemein einen Menschen bezeichnet, der mit einem „Männlichen“ das „Ehebett“ teilt bzw. mit einem Mann Geschlechtsverkehr pflegt.

5.7 Schlussfolgernde Erkenntnis aus den Paulusbriefen

Gemäß 1. Tim 1,10 widerspricht u. a. die (praktizierte) Homosexualität „der gesunden Lehre“ und – wie der Zusammenhang zeigt (vgl. 1. Tim 1,8f.) – nach der Überzeugung des Paulus offenbar auch

129 Vgl. dazu u. a. Seubert, Historische Wirklichkeit, S. 76ff.

dem alttestamentlichen „Gesetz". In 1. Kor 6,9 betont der Apostel, dass u. a. Homosexuelle, Unzüchtige und Ehebrecher das Reich Gottes nicht ererben werden, ohne auf das „Gesetz" zu verweisen. Wie der Gebrauch des Begriffs *arsenokoitēs* (etwa „der mit Knaben/Männern das Ehebett teilt") an dieser Stelle (und in 1. Tim 1,10) zeigt, leitet Paulus das sehr wahrscheinlich aus alttestamentlichen Stellen wie Lev 18,22 und 20,13 ab. In Röm 1,26f. hingegen bezieht sich Paulus dem Kontext nach grundsätzlich auf die Schöpfung des Mannes und der Frau als Ebenbild Gottes, wie sie in Gen 1,26f. beschrieben wird. Gott hat den Mann und die Frau und damit auch das männliche und das weibliche Wesen geschaffen. Die eheliche Beziehung zwischen Mann und Frau entspricht deshalb nach Paulus der Schöpfung Gottes, während die geschlechtliche Beziehung zwischen „Männlichen und Männlichen" sowie zwischen „Weiblichen und Weiblichen" demnach „gegen die Natur", also gegen die Schöpfung Gottes gerichtet ist. Somit ist die Homosexualität für Paulus schöpfungswidrig und ist in diesem Sinn (wie jede Sünde) Zielverfehlung. Es gibt dementsprechend keinen Grund, davon auszugehen, dass Paulus nur eine gewisse Praxis, bei der z. B. der eine Partner unterdrückt wurde, ablehnt. Für einen solchen Standpunkt gibt es m. E. keinerlei exegetische Grundlage.

5.8 Schöpfung und Menschenwürde

Ob homosexuelle Neigungen veranlagt sind, ist medizinisch nach wie vor umstritten, da der tatsächliche Beweis dafür nicht geliefert worden ist. Andererseits muss man u. a. aufgrund von Röm 5,12ff. davon ausgehen, dass „Neigungen" für Paulus auch bei „Veranlagung" nicht wertneutral sind. Homosexualität entspricht nach der Überzeugung des Apostels offenbar nicht der Schöpfungsabsicht Gottes mit der Menschheit. Dabei geht es bei Paulus nicht um eine Verachtung dieser Menschen, sondern vielmehr will er ihnen die Größe der Liebe Gottes und die Größe des Erlösungswerkes Jesu Christi deutlich machen. Andererseits setzt der Apostel voraus, dass eine Lebensweise, die nicht dem Willen Gottes entspricht, nicht durch die „Vernunft" überwunden werden kann, da diese selbst durch die Sünde verdorben ist (vgl. Röm 1,21ff.) und Erneuerung braucht (vgl. Röm 12,2).

Der Mensch ist gemäß Gen 1,26f. im „Ebenbild" Gottes geschaffen, was sowohl für das männliche als auch für das weibliche Wesen gilt (vgl. Gen 1,27b), und das setzt Paulus auch z. B. in Röm 1,26f. voraus. Die Anerkennung der Ehe im Sinn der Bibel hängt für Paulus deshalb eng mit der Anerkennung Gottes als Schöpfer zusammen (vgl. Röm 1,20ff.).

Die entscheidende Frage ist nun, ob wir diese Sicht der Schöpfung teilen oder nicht. Wenn wir Gen 1–2 als Mythos abtun und zu einem evolutionistischen Verständnis vom Menschen kommen, verliert diese Begründung natürlich ihre Grundlage.

Damit verliert aber auch der Mensch seine Würde vor Gott im Sinne der Bibel.

Natürlich wird man, wenn man das beachtet, auch Menschen mit einer homosexuellen Neigung gegenüber mit Respekt begegnen, da auch sie – wie jeder Mensch – Ebenbild Gottes sind. Zudem werden wir uns bewusst sein, dass Homosexualität nicht die einzige „Zielverfehlung" – angesichts der Schöpfungsordnung Gottes – ist, wie das Wort für „Sünde" aus dem hebräischen und griechischen Grundtext der Bibel übersetzt werden kann. Darin lebten einst auch einige Personen aus der Gemeinde in Korinth, doch sind sie gemäß 1. Kor 6,11 „abgewaschen, geheiligt, gerechtfertigt durch den/in dem Namen des Herrn Jesus Christus und durch den/in dem Geist unseres Gottes". Das bedeutet aber wahrscheinlich nicht in jedem Fall, dass die entsprechenden Neigungen völlig verschwunden sind, wie z. B. die Neigung zur „Hurerei", die Paulus im gleichen Zusammenhang ebenfalls anspricht (vgl. 1. Kor 6,9f.), und mit der Hinwendung zu Jesus Christus nicht automatisch kein Problem mehr sind, wenn man zuvor darin gelebt hat. Das ist in Bezug auf die Seelsorge zu beachten.[130] Menschen sollen nicht verurteilt werden, sondern sie sollen Hilfe erfahren.[131]

Hilfe, inwiefern?

130 Vgl. dazu u. a. Goddard/Horrocks, Homosexualität, S. 73ff.; Werner, Homosexualität, passim.

131 Dass Homosexualität nicht therapierbar sei, wie zum Teil behauptet wird, ist offenbar nicht richtig. Allerdings zeigt die (christliche) Praxis, dass die Therapie in der frühen Jugendzeit wesentlich einfacher ist als später.

BIBLIOGRAFIE

Adams, J., Marmor, Stein und Eisen bricht. Ehe, Scheidung und Wiederverheiratung, Moers: Brendow, 1992

Bauer, W., Griechisches Wörterbuch zu den Schriften des Neuen Testaments und der frühchristlichen Literatur, Berlin/New York: Walter de Gruyter, 6. Aufl. 1988

Baumert, N., Ehelosigkeit und Ehe im Herrn: Eine Neuinterpretation von 1 Kor 7 (FzB 47), Würzburg: Echter, 1984

Blass, F./Debrunner, A./Rehkopf, Fr., Grammatik des neutestamentlichen Griechisch, Göttingen: Vandenhoeck & Ruprecht, 18. Aufl. 2001

Böttger, A./Nitsche, W., Partnerwahl – „um Gottes Willen". Biblische Prinzipien zur Partnerwahl und Partnersuche, Hammerbrücke: jota Publikationen, 3. Aufl. 2004

Cochlovius, J., Was Gott zusammengefügt hat, das soll der Mensch nicht scheiden, in: H. und R. Bräumer/J. Cochlovius/M. Dietrich, Eine zweite Ehe? Überlegungen zur Wiederheirat Geschiedener, Wuppertal: Brockhaus, 1992, S. 37–77

Cole, S. O., Biology, Homosexuality, and the Biblical Doctrine of Sin, in: BS 157/3 (2000), S. 348–361

Collins, R. F., First Corinthias (Sacra Pagina 7), Collegeville, Minn.: Liturgical Press, 1999

Deming, W., Paul on Marriage and Celibacy: The Hellenistic Background of 1 Corinthians 7, Grand Rapids: Eerdmans, 2. Aufl. 2004

Dover, Kenneth, Greek Homosexuality, Cambridge, Mass.: Harvard University Press, 1989

Dreyer, B., Die Neoi im hellenistischen Gymnasion, in: Daniel Kah/Peter Scholz (Hg.), Das griechische Gymnasion (Wissenskultur und Gesellschaftlicher Wandel 8), Berlin: Akademie Verlag, 2. Auflage 2007, S. 211–236

Fee, G., The First Epistle to the Corinthians (NICNT), Grand Rapids, Michigan: Eerdmans, 1987 (Neudruck 1993)

Fiedler, P., Das Matthäusevangelium (ThKNT), Stuttgart: Kohlhammer, 2006

Gagnon, R. A. J., Biblische Perspektiven zum Verhältnis von Homosexualität und sexueller Identität, in: JETh 24 (2010), S. 153–174

Garland, D. E., 1 Corinthians (BECNT), Grand Rapids: Baker, 2003

Goddard, A./Horrocks, D. (Hg.), Homosexualität. Biblische Leitlinien, ethische Überzeugungen, seelsorgerliche Perspektiven, Gießen: Brunnen, 2016

Haubeck, W./von Siebenthal, H., Neuer Sprachlicher Schlüssel zum griechischen Neuen Testament, Bd. 1: Matthäus – Apostelgeschichte, 1997 und Bd. 2: Römer – Offenbarung, Gießen: Brunnen, 1994

Hays, R. B., Homosexualität: Die ethische Sicht des Neuen Testamentes, in: R. Hilliard/W. Gasser (Hg.), Homosexualität verstehen. Sonderdruck, Zürich: VBG-Büro, 1998, S. 30–46

Hays, R. B., Relations Natural und Unnatural: A Response to John Boswell's Exegesis of Romans 1, in: Journal of Religious Ethics 14/1 (1986), S. 184–215

Hinck, V., Streitfall Liebe. Biblische Plädoyers wider die Ausgrenzung homosexueller Menschen, München: Claudius Verlag, 2003

Instone-Brewer, David, Divorce and Remarriage in the Bible. The Social and Literary Context, Grand Rapids/Cambridge: Eerdmans, 2002

Kaser, Max, Römisches Privatrecht, München: Beck'sche Verlagsbuchhandlung, 16. Aufl. 1992

Kessler, R., Maleachi (HThKAT), Freiburg u. a.: Herder, 2011

Klautke, J.-B., Gegen die Schöpfung. Homosexualität im Licht der Heiligen Schrift, Neuhofen: Evangelisch-Reformierte Medien, 1998

Konradt, M., Das Evangelium nach Matthäus (NTD 1), Göttingen: V&R, 2015

Krüger, G., Einsicht und Leidenschaft. Das Wesen des Platonischen Denkens, Frankfurt/Main: Klostermann, 6. Aufl. 1992

Lerle, E., Praktischer Kommentar zum Ersten Korintherbrief, Berlin: Evangelische Verlagsanstalt (ohne Jahr)

Lindemann, A., Der Erste Korintherbrief (HNT 9/I), Tübingen: Mohr, 2000

Luz, U., Das Evangelium nach Matthäus (EKK), Düsseldorf/Zürich: Benziger und Neukirchen-Vluyn: Neukirchener, Bd. I/1, 5. Aufl. 2002 und Bd. I/3, 1997

Maier, G., Das Evangelium nach Matthäus, Bd. 1: Kapitel 1–11 (HTA), Witten: Brockhaus und Gießen: Brunnen, 2015

Maier, G., Matthäus-Evangelium, 2. Teil (Edition C), Neuhausen-Stuttgart: Hänssler, 4. Aufl. 1989

Martin, D., The Corinthian Body, New Haven: Yale UP, 1995

Martin, J. R., Divorce and Remarriage. A Perspective for Counseling, Pennsylvania: Herold, 1974

Mauerhofer, A., Seelsorge auf biblischer Grundlage. Die Menschen zu Jesus führen, Nürnberg: VTR und Hamburg: RVB, 2010

Merklein, H., Der erste Brief an die Korinther. Kapitel 5,1–11,1 (ÖTKNT 7/2), Gütersloh: Gütersloher Verlagshaus und Würzburg: Echter, 2000

Miller, J. E., The Practices of Romans 1:26: Homosexual or Heterosexual?, in: NT 37 (1995), S. 1–11

Montanari, Franco, The Brill Dictionary of Ancient Greek, Leiden/Boston: Brill, 2015

Neuer, W., Art. „Ehe, Ehescheidung, Ehelosigkeit", in: Das große Bibellexikon, hg. v. H. Burghardt u. a., Wuppertal: Brockhaus Verlag und Gießen: Brunnen, 1987, S. 292–297

Pape, W., Griechisch-Deutsches Handwörterbuch, Braunschweig: Vieweg & Sohn, 3. Aufl. 1914, 2 Bde.

Patzer, H., Die griechische Knabenliebe, Wiesbaden: Steiner, 1982

Rosner, B. S., Paul, Scriptures and Ethics: A Study of 1 Corinthians 5–7, Grand Rapids: Eerdmans, 1999 (= Leiden: Brill, 1994)

Rojas Parma, Lorena, De amore: Sócrates y Alcibíades en el Banquete de Platón, in: Areté – Revista de Filosofía XXIII/1 (2011), S. 159–186

Schlatter, A., Paulus der Bote Jesu. Eine Deutung seiner Briefe an die Korinther. Stuttart: Calwer, 5. Aufl. 1985

Schnabel, E., Der erste Brief des Paulus an die Korinther (HTA), Wuppertal: Brockhaus und Gießen: Brunnen, 2006

Schrage, W., Der erste Brief an die Korinther (EKK), Düsseldorf/Zürich: Benziger und Neukirchen-Vluyn: Neukirchener, Bd. VII/2, 1995

Schwengeler, B., Zur Sache: Scheidung und Wiederheirat, Berneck: Schwengeler, 1989

Seubert, H., Historische Wirklichkeit, geistliche Wahrheit und die Mythen des Zeitgeists, in: A. Späth (Hg.), „... und schuf sie als Mann und Frau." Kirche in der Zerreißprobe zwischen Homosexuellen-Lobby und Heiliger Schrift, Ansbach: Logos Editions, 2. Aufl. 2011, S. 75–84

Siebenthal, H. von, Griechische Grammatik zum Neuen Testament. Neubearbeitung und Erweiterung der Grammatik Hoffmann/von Siebenthal, Gießen/Basel: Brunnen und Riehen/Basel: Immanuel, 2011

Smith, M. D., Ancient Bisexuality and the Interpretation of Romans 1.26,27, in: Journal of American Academy of Religion 64 (1996), S. 223–254

Starnitzke, D., Die Struktur paulinischen Denkens im Römerbrief. Eine linguistisch-logische Untersuchung, Stuttgart: Kohlhammer, 2004

Stegemann, W., Homosexualität – ein modernes Konzept, in: ZNT 2 (1998), S. 61–68

Stott, J., Jesus and Divorce, überarbeitete Ausgabe von G. J. Wenham/W. E. Hetz, London: Peternoster, 1997

Strack, H./Billerbeck, P., Kommentar zum Neuen Testament aus Talmud und Midrasch, München: Beck'sche Verlagsbuchhandlung, 1926, 5 Bde.

Theobald, M., Röm 1,26f.: Eine paulinische Weisung zur Homosexualität? Plädoyer für einen vernünftigen Umgang mit der Heiligen Schrift (1998), in: Ders., Studien zum Römerbrief, S. 511–518

Thiessen, J., Hermeneutik der Bibel. Grundlagen für die Auslegung und Anwendung der Bibel. Ein offenbarungstheologischer Standpunkt, Hammerbrücke: Jota und Riehen: Immanuel, 6. Aufl. 2015

Thiessen, J., Die Rechtfertigung aus Gnade und der Lohngedanke bei Paulus, in: Ders. (Hg.), Das antike Judentum und die Paulusexegese. Mit Beiträgen von Jörg Frey, Günter Stemberger und Jacob Thiessen (Biblisch-Theologische Studien 160), Neukirchen-Vluyn: Neukirchener, 2016, 95–130

Thiessen, J., Der 1. Korintherbrief. Eine Auslegung für die Gemeinde, Nürnberg: VTR, 2004

Verstraete, B. C./Provencal, V. (Hg.), Same-Sex Desire and Love in Greco-Roman Antiquity and in the Classical Tradition of the West (Journal of Homosexuality 49/3-4), New York/London/Victoria: Harrington Park Press, 2006

Ward, R. B., Why Unnatural? The Tradition behind Romans 1:26-27, in: HThR 90 (1997), S. 263–284

Weber, R., Das „Gesetz“ bei Philon von Alexandrien und Flavius Josephus. Studien zum Verständnis und zur Funktion der Thora bei den beiden Hauptzeugen des hellenistischen Judentums, Frankfurt a. M.: Peter Lang, 2001

Werner, R., Homosexualität – ein Schicksal?, Moers: Brendow, 1988

Wolfgang Seit (Hrsg.)

Ehe ihr euch trennt

Berichte von Menschen,
die ihre Ehe verloren glaubten

Taschenbuch, 11 x 18 cm
112 Seiten
Best.-Nr. 271.326
ISBN: 978-386353-326-7

Was macht eine gute Ehe aus? Wie können wir in unserer Ehe ein Zeugnis für unsere Umwelt sein? Wie kann Jesus uns als Vorbild dienen? Dieses Buch zeigt anhand verschiedener Zeugnisse und durch Ratschläge, wie eine Ehe mit Gottes Hilfe – auch in Krisenzeiten – funktionieren kann.

Irmgard Grunwald

Ein Fest nach langer Trauer

Der biblische Weg zu Vergebung
und Versöhnung

Gebunden, 12 x 18,7 cm
296 Seiten
Best.-Nr. 271.412
ISBN 978-3-86353-412-7

Am Beispiel eines Ehebruchs erzählt Irmgard Grunwald, welche verheerende Folgen Sünde und Untreue haben, nicht nur für die betroffenen Personen, sondern auch für deren Familien, Freude und Gemeinden. Sie benennt Schuld ganz klar, und doch schreibt sie ohne erhobenen moralischen Zeigefinger. Dabei wechseln sich theoretische, an der Bibel orientierte Sachkapitel zu Themen wie Sünde, Vergebung, seelische Verletzungen, Gemeindezucht usw. mit der fiktiven Geschichte eines Ehebruchs ab.